Deutschbuch

Ideen zur Jugendliteratur

Nennt mich nicht Ismael!

Michael Gerard Bauer

Kopiervorlagen

Herausgegeben von
Ute Fenske, Bernd Schurf
und Andrea Wagener

Erarbeitet von
Alexander Joist

Weitere Hefte der Reihe:

Kirsten Boie: Nicht Chicago. Nicht hier.   (ISBN 978-3-06-061321-2)
Kevin Brooks: Martyn Pig   (ISBN 978-3-06-061343-4)
Eoin Colfer: Artemis Fowl   (ISBN 978-3-06-061315-1)
Roald Dahl: Hexen hexen   (ISBN 978-3-06-061314-4)
Anne Frank: Tagebuch   (ISBN 978-3-06-061333-5)
Cornelia Funke: Herr der Diebe   (ISBN 978-3-06-061309-0)
Rainer Gross: Grafeneck   (ISBN 978-3-06-061332-8)
Max von der Grün: Vorstadtkrokodile   (ISBN 978-3-06-061325-0)
Jan Guillou: Evil – Das Böse   (ISBN 978-3-06-061316-8)
Wolfgang Herrndorf: Tschick   (ISBN 978-3-06-060363-3)
Hanna Jansen: Gretha auf der Treppe   (ISBN 978-3-06-061317-5)
Anna Maria Jokl: Die Perlmutterfarbe   (ISBN 978-3-06-061329-8)
Erich Kästner: Das fliegende Klassenzimmer   (ISBN 978-3-06-061336-6)
Charlotte Kerner: Blueprint. Blaupause   (ISBN 978-3-06-061330-4)
Klaus Korden: Krokodil im Nacken   (ISBN 978-3-06-061337-3)
Wolfgang Kuhn: Mit Jeans in die Steinzeit   (ISBN 978-3-06-061339-7)
Myron Levoy: Der gelbe Vogel   (ISBN 978-3-06-061334-2) erscheint 2013
Myron Levoy: Ein Schatten wie ein Leopard   (ISBN 978-3-06-061323-6)
Per Nilsson: So lonely   (ISBN 978-3-06-061310-6)
Christine Nöstlinger: Das Austauschkind   (ISBN 978-3-06-061320-5)
Joyce Carol Oates: Unter Verdacht   (ISBN 978-3-06-061319-9)
Scott O'Dell: Insel der blauen Delfine   (ISBN 978-3-06-061327-4)
Mirjam Pressler: Malka Mai   (ISBN 978-3-06-061311-3)
Otfried Preußler: Krabat   (ISBN 978-3-06-061322-9)
Morton Rhue: Die Welle   (ISBN 978-3-06-061324-3)
Hans Peter Richter: Damals war es Friedrich   (ISBN 978-3-06-061340-3)
Jutta Richter: Der Tag, als ich lernte die Spinnen zu zähmen   (ISBN 978-3-06-061312-0)
Louis Sachar: Löcher   (ISBN 978-3-06-061318-2)
Andreas Steinhöfel: Rico, Oskar und die Tieferschatten   (ISBN 978-3-06-061328-1)
Andreas Steinhöfel: Die Mitte der Welt   (ISBN 978-3-06-061313-7)
Janne Teller: Nichts. Was im Leben wichtig ist   (ISBN 978-3-06-061344-1)
Uwe Timm: Rennschwein Rudi Rüssel   (ISBN 978-3-06-061331-1)
Jan de Zanger: Dann eben mit Gewalt   (ISBN 978-3-06-061335-9) erscheint 2013

Inhalt

Vorwort 4

EINSTIEG
Eine Gebrauchsanweisung gegen Mobbing – Leseerwartungen formulieren 5
Rund ums Buch – Cover und Klappentext auswerten 6
Die ersten Seiten – Den Romananfang untersuchen 7

INHALTSSICHERUNG
Genau gelesen? – Zitate in den Zusammenhang einordnen 8
Die Figuren des Romans – Beziehungen darstellen 9

FIGUREN
Ismael – Die Entwicklung der Hauptfigur herausarbeiten 10
Scobie – Eine Figur über eine Schlüsselstelle charakterisieren 11
Der Debattierclub – Motive der Teilnehmer untersuchen 12
Ismael und Kelly – Die Entwicklung der Beziehung erschließen (Teil 1) 13
Ismael und Kelly – Die Entwicklung der Beziehung erschließen (Teil 2) 14

HANDLUNG
Machtspiele – Einen Konflikt erschließen (Teil 1) 15
Machtspiele – Einen Konflikt erschließen (Teil 2) 16
„Ja, nennt mich Ismael!" – Den Romanschluss untersuchen 17

THEMATISCHE ASPEKTE
„Moby Dick"– Bezüge zu Hermann Melvilles Roman verstehen (Teil 1) 18
„Moby Dick"– Bezüge zu Hermann Melvilles Roman verstehen (Teil 2) 19
Mobbing – Informationen eines Sachtexts auf den Roman beziehen (Teil 1) 20
Mobbing – Informationen eines Sachtexts auf den Roman beziehen (Teil 2) 21
Schlagfertigkeit – Selbstbewusst kommunizieren (Teil 1) 22
Schlagfertigkeit – Selbstbewusst kommunizieren (Teil 2) 23
Die Macht der Sprache – Scobies Redetalent erschließen 24
Debattierwettbewerbe – Die Regeln bewerten 25

ERZÄHLWEISE, SPRACHE UND STIL
Barry als Hautreizung – Vergleiche und Metaphern erschließen 26
Mit Witz und Spott – Ismaels Erzählweise gestaltend untersuchen (Teil 1) 27
Mit Witz und Spott – Ismaels Erzählweise gestaltend untersuchen (Teil 2) 28

REZEPTION UND PRODUKTION
Ich werde da sein! – Eine Szene planen und schreiben 29
„Umwerfend komisch" – Eine Buchbesprechung untersuchen (Teil 1) 30
„Umwerfend komisch" – Eine Buchbesprechung untersuchen (Teil 2) 31

VORSCHLÄGE FÜR KLASSENARBEITEN
Klassenarbeit 1: Einen literarischen Text untersuchen (Teil 1) 32
Klassenarbeit 2: Einen literarischen Text untersuchen (Teil 2) 33
Klassenarbeit 2: Einen literarischen Text untersuchen und Stellung nehmen 34

Didaktischer Kommentar und Lösungen 35

Vorwort

Über den Roman

Der Roman „Nennt mich nicht Ismael!"* handelt von dem ungefähr 14-jährigen Schüler Ismael Leseur, der in der Schule gemobbt wird und durch verschiedene Erlebnisse zu neuem Selbstbewusstsein findet. Der in fünf Teile aufgegliederte Roman vernetzt verschiedene Handlungsstränge und Hauptfiguren. Spielt im ersten Teil Ismaels schwierige Stellung im neuen College die Hauptrolle, so rückt im zweiten Teil sein neuer Mitschüler und zukünftiger Freund Scobie ins Zentrum, der durch seine intellektuelle Begabung und sprachliche Schlagfertigkeit Ismaels Widersacher Barry in witzigen, harten Dialogen Widerstand bietet. Im dritten und längsten Teil des Romans wird die Entwicklung des von Scobie gegründeten Debattierclubs geschildert, durch den Ismael neue Freunde gewinnt, ein Mädchen namens Kelly kennen lernt und zunehmend an Selbstsicherheit gewinnt. Die letzten beiden Teile zeigen einen stärkeren, widerstandsfähigen Ismael, der ein erstes Gespräch mit Kelly führt und seinem Peiniger Barry schließlich selbstbewusst entgegentritt.

„Nennt mich nicht Ismael!" ist für Jugendliche der 7.–8. Klasse interessant, weil im Roman Themen wie Freundschaft, Liebe, Krankheit und Mobbing weder klischeehaft noch moralisierend oder didaktisierend verarbeitet werden. Der Erzähler vermag nahezu alle Register und Tonlagen zu ziehen: Grundzug des Romans ist sicherlich der witzige, mitunter ironische Blick auf typische Situationen Jugendlicher. Zugleich gelingt es dem Autor, schwierige, existentielle Krisen sensibel und einfühlsam darzustellen. Dies wird durch die versierte Erzähltechnik auf einem altersgemäßen Niveau präsentiert: zugespitzte Dialoge, Erzählpassagen oder Briefe werden so geschickt ineinander verwoben, dass die Leser/innen einen differenzierten Einblick in die komplexe Situation der handelnden Figuren erhalten.

Zur Reihe

Das vorliegende Heft ist Teil einer Reihe mit kopierfähigen Arbeitsblättern zu klassischen und aktuellen Jugendbüchern, die sich als Lektüre für die Jahrgangsstufen der Sekundarstufe I eignen.

Das Reihenkonzept geht davon aus, dass die Schülerinnen und Schüler den Roman im Unterricht oder zu Hause ganz lesen. Die Kopiervorlagen sollen die Erarbeitung im Unterricht begleiten. Die Zusammenstellung der Arbeitblätter berücksichtigt dabei unterschiedliche Phasen der Erarbeitung im Unterricht. Die Hefte der Reihe sind somit gleich aufgebaut: Sie enthalten Arbeitsblätter zum Einstieg in die Lektüre, zu wichtigen Aspekten der Textanalyse (wie Inhaltssicherung, Figuren, Handlung, thematische Aspekte, Erzählweise, Stil, Sprache) und zur Textrezeption. Zur Erleichterung der Unterrichtsvorbereitung für die Lehrerinnen und Lehrer werden Klassenarbeitsvorschläge angeboten, die Arbeitsblätter didaktisch kommentiert und Lösungsvorschläge gemacht.

Die Arbeitsblätter haben Doppelüberschriften, deren zweiter Teil sich an zentralen Kompetenzen orientiert und den Lehrkräften Auskunft über die konkreten Operatoren gibt, die durchgeführt werden sollen. Die Aufgabenstellungen berücksichtigen sowohl textanalytische als auch handlungsorientierte und produktiv-gestaltende Verfahren. Mit Piktogrammen gekennzeichnete Aufgaben ermöglichen auch kooperatives Arbeiten. Zusatzaufgaben, die sich zur Binnendifferenzierung eignen, sind optisch hervorgehoben ❹.

Die Hefte der Reihe „Ideen zur Jugendliteratur – Kopiervorlagen" sind terminologisch und methodisch auf das „Deutschbuch" abgestimmt.

---

* Die Seitenangaben beziehen sich auf folgende Ausgabe des Romans: Michael Gerard Bauer: Nennt mich nicht Ismael! Aus dem Englischen von Ute Mihr. 5. Aufl. München: Deutscher Taschenbuch Verlag 2011.

Einstieg

Eine Gebrauchsanweisung gegen Mobbing – Leseerwartungen formulieren

1 *Im Klappentext heißt es, der Roman sei „die perfekte Gebrauchsanweisung gegen Mobbing". Notiere, was du unter Mobbing verstehst.*

___

___

2 *a) Vergleiche die vordere und die hintere Umschlaginnenseite: Was fällt dir auf?*

Michael Gerard Bauer:
Nennt mich nicht Ismael! München:
Deutscher Taschenbuch Verlag,
Reihe Hanser 2009. Illustrationen in
Vor- und Nachsatz © Peter Schössow

b) Stelle Vermutungen darüber an, was zwischen Anfang und Ende der Geschichte passiert sein könnte.

___

___

 3 *Überlegt gemeinsam, was ihr von einer perfekten Gebrauchsanweisung erwartet. Haltet eure Erwartungen in Stichpunkten fest.*

Eine perfekte Gebrauchsanweisung gegen Mobbing sollte enthalten:

___

___

___

Einstieg

Rund ums Buch – Cover und Klappentext auswerten

1 *Den ersten Eindruck von einem Buch erhält man über den Umschlag. Wähle Aufgabe a) wenn du das Buch noch nicht gelesen hast, Aufgabe b, wenn du das Buch schon gelesen hast.*
   a) *Beschreibe in Stichworten, was auf dem Cover zu sehen ist. Notiere, welche Erwartungen an den Inhalt des Romans das Cover bei dir weckt.*
   b) *Schreibe auf, welchen inhaltlichen Aspekt aus dem Roman das Cover aufgreift. Notiere, ob du die Gestaltung des Covers für gelungen hältst, und gib Gründe für deine Einschätzung an.*

Michael Gerard Bauer: Nennt mich nicht Ismael!
München: Deutscher Taschenbuch Verlag, Reihe Hanser 2009. Umschlagillustration: Peter Schössow

Der unten stehende Text findet sich als Einleitungstext vor dem Titelblatt der Taschenbuchausgabe.

Es gibt ungewöhnliche, unaussprechliche und unerträgliche Vornamen – und es gibt den Namen Ismael. Und er hat gelernt auf Spott und Angriffe zu reagieren: Abtauchen!
Das ändert sich schlagartig, als James Scobie in die Klasse kommt. Im Gegensatz zu Ismael hat er vor niemandem Angst. Und gegen Klassenrowdys hat er seine ganz eigene Waffe: die Sprache. Um sie zu schulen, gründet er einen Debattierclub, bei dem neben Bill, dem kuriosen Science-Fiction-Experten, Ignatius, dem wandelnden Lexikon, und Frauenheld Orazio auch Ismael mitmachen soll. Doch Ismael hat panische Angst, vor Publikum zu sprechen. Wären da nicht seine eigenwilligen Debattier-Kollegen, würde das vermutlich auch so bleiben. Aber mit Hilfe ihres wortgewaltigen Einsatzes steht auch Ismaels verbalem Aufstand gegen Mobbing und Klassenrowdys bald nichts mehr im Wege. Und die Tür für ein charmantes Gespräch mit der bezaubernden Kelly Faulkner steht so weit offen wie nie ...

Klappentext zu: Michael Gerard Bauer: Nennt mich nicht Ismael! Aus dem Englischen von Ute Mihr.
6. Aufl. München: Deutscher Taschenbuch Verlag 2012 ©2008 Carl Hanser Verlag, München

2 *Wähle wiederum Aufgabe a), wenn du das Buch noch nicht gelesen hast, Aufgabe b) wenn du das Buch schon gelesen hast.*
   a) *Markiere in dem Klappentext die Stellen, in denen du etwas über die Figuren des Romans und ihre Eigenschaften erfährst. Kennzeichne in einer anderen Farbe die Stellen, die dich auf den Text neugierig machen.*
   b) *Beurteile, ob der Klappentext den Romaninhalt treffend zusammenfasst. Liste stichwortartig auf, welche Aspekte deiner Meinung nach zu kurz kommen oder ungenau angesprochen werden.*

3 *Tausche mit einer Mitschülerin oder einem Mitschüler deine Ergebnisse zu den Aufgaben 1 und 2 aus. Sprecht über Gemeinsamkeiten und Unterschiede.*

■ Inhaltssicherung

Die ersten Seiten – Den Romananfang untersuchen

Auf den ersten Seiten des Romans lernst du den Erzähler Ismael kennen und wirst zum Weiterlesen motiviert.

1 *Stelle zusammen, was du im ersten Kapitel (S. 13-17) über Ismael erfährst.*

Name, Alter: _____

Name der Eltern: _____

Geschwister: _____

Was er von seinen Eltern hält: _____

Lieblingsfach: _____

Lieblingslehrer: _____

Besondere Kennzeichen: _____

Dringendster Wunsch: _____

2 a) *Markiere im Buch Textstellen, die dich überrascht oder neugierig gemacht haben und Fragen in dir ausgelöst haben.*
b) *Notiere die Zitate mit Seiten- und Zeilenangabe in der Tabelle und begründe deine Wahl in der rechten Spalte stichwortartig.*

Textstelle (Seite/Zeile)	Begründung
Ich bin vierzehn Jahre alt und leide am Ismael-Leseur-Syndrom. Heilung ausgeschlossen. S. 13, Z. 3-5	„Ismael-Leseur-Syndom" – Von dieser Krankheit habe ich noch nie gehört! Sie soll sogar unheilbar sein. Was ist das für eine Krankheit?

 3 *Tauscht euch über eure Ergebnisse aus und stellt Vermutungen darüber an, über welche Ereignisse Ismael in den weiteren Kapiteln berichten wird.*

Inhaltssicherung

Genau gelesen? – Zitate in den Zusammenhang einordnen

1 *Die Zitate sind dem Roman entnommen. Bringe sie in die richtige Reihenfolge.*
Gehe folgendermaßen vor:
- ☐ *Notiere auf jedem Abschnitt den Kontext des Zitates.*
- ☐ *Schneide die Zitate aus und lege sie in der richtigen Reihenfolge zusammen.*
- ☐ *Stellt euch mit eurem Lernpartner gegenseitig eure Lösung vor und diskutiert diese.*

„[...] Du hast vielleicht Probleme mit der gesprochenen Sprache, aber was das Schreiben angeht, würde ich mal annehmen, bist du wahrscheinlich der *zweit*beste Schüler." [...] „*Außerdem* bist du gescheit und du weißt, im Gegensatz zu einigen unserer Klassenkameraden, nicht nur, dass es in dieser Schule eine Bibliothek gibt, sondern, was noch viel erstaunlicher ist, wozu sie da ist und wie man sie benutzt. [...]"

Ich drehte mich um. Es war Razza. Er hüpfte herum und gestikulierte mit den Fingern in meine Richtung, als ob er zu den Wiggles gehören würde. Sein Mund formte immer wieder die Worte: Du bist der Hammer.

Ich warf einen raschen Blick über die Schulter zu Barry Bagsley. Seine Augen fielen beinahe aus ihren Höhlen. Fast erwartete ich, dass ihm Speichel aus dem Mundwinkel rann.

Aber da irrte ich mich. Dieses Jahr würde anders werden. Es würde das härteste, verrückteste, peinlichste, schrecklichste und das beste Jahr meines Lebens werden.

Ich wollte dafür sorgen, dass Barry Bagsley für jede einzelne Übeltat bezahlte, die er begangen hatte. Es ging nur noch darum, herauszufinden, wie die Quittung genau aussehen sollte.

Zitate entnommen aus: Michael Gerard Bauer: Nennt mich nicht Ismael! Aus dem Englischen übersetzt von Ute Mihr.
5. Aufl. München: Deutscher Taschenbuch Verlag GmbH & Co. KG 2011 © 2008 Carl Hanser Verlag, München

■ Figuren

Die Figuren des Romans – Beziehungen darstellen

1 *Schneide die Karten aus und sortiere die Figuren-Karten auf zwei Stapel nach folgendem Prinzip:*
- ☐ *Figuren, über die ich so gut Bescheid weiß, dass ich ihre Beziehungen jemandem beschreiben kann.*
- ☐ *Figuren, über die ich noch nicht so gut Bescheid weiß, dass ich sie jemandem beschreiben kann.*

2 *Sprich mit einem Partner über die Figuren, über die du noch nicht genügend Informationen hast, und notiere Stichworte zu ihnen auf der Rückseite der Figuren-Karte.*

3 a) *Ordne die Figuren-Karten auf einem Blatt Papier an. Zeige mit den Pfeil-Karten an, welche Figuren in Beziehung zueinander stehen.*
b) *Kennzeichne die Art der Beziehung, indem du die Pfeile beschriftest. Wenn du weitere Pfeile benötigst, zeichne sie auf einem eigenem Stück Papier.*

Beispiel: **Barry** ⟶ mobbt ⟶ **Ismael**

4 *Erläutere deine Ergebnisse deinem Partner. Begründet eure Entscheidungen, wenn ihr zu unterschiedlichen Ergebnissen gekommen seid, und findet eine gemeinsame Lösung.*

5 *Bereitet die Präsentation eurer Anordnung in der Klasse vor. Ihr könnt die Namen und die Pfeile auf ein Plakat kleben oder auf Folie übertragen..*

Hier bitte abschneiden! .... ✂

Barry	Scobie
Kelly	Miss Tarango
Razza	Bill
Ismael	Prindabel
Mr Barker	Danny Wallace
⟶	⟶
⟶	⟷
⟶	⟷

9

Figuren

Ismael – Die Entwicklung der Hauptfigur herausarbeiten

1 *Ismael entwickelt sich während des Romans. Dies merkt man besonders daran, wie sich sein Verhalten Barry gegenüber verändert. Arbeitet diese Veränderungen und ihre Ursachen heraus. Geht dabei nach den Schritten des Gruppenpuzzles vor.*

> **TIPP**
>
> Umfangreiche Themen können sehr gut in einem **Gruppenpuzzle** erarbeitet werden, denn dabei teilt man sich die Aufgaben auf. Der Ablauf der Methode ist folgendermaßen:
> - *Vorbereitung*: Die Schüler finden sich in Vierer-Gruppen, den **Stammgruppen**, zusammen. Jedem Gruppenmitglied wird einer der Buchstaben A, B, C oder D zugeteilt.
> - *Erarbeitung*: Die **Expertengruppen** A, B, C, und D bilden sich und erarbeiten ihr Thema.
> - *Austausch*: Die Experten kehren in ihre Stammgruppe zurück und stellen ihrer Stammgruppe die Ergebnisse ihrer Arbeit vor. Die anderen Gruppenmitglieder notieren jeweils die Ergebnisse.
> - *Abschluss*: Anschließend erarbeitet jeder die weiterführende Aufgabe zum Thema.

a) *Vorbereitung in den Stammgruppen:*
- Bildet 4er-Gruppen und teilt euch die Buchstaben A, B, C bzw. D zu.

| **A** Kapitel 5/6 | **B** Kapitel 11 | **C** Kapitel 38 | **D** Kapitel 45 |

b) *Erarbeitung in den Expertengruppen A, B, C und D:*
- Fasst den Inhalt der angegebenen Kapitel kurz zusammen.
- Kennzeichnet mit passenden Adjektiven, wie Ismael sich verhält.

Gruppe:	Kapitel:
Inhalt:	
Ismaels Verhalten:	

c) *Austausch in den Stammgruppen:*
- Stellt euch eure Ergebnisse gegenseitig vor.
- Notiert in Stichpunkten, welche Veränderungen ihr beobachtet.
- Überlegt gemeinsam, welche Ursachen zu diesen Veränderungen geführt haben. Notiert dazu Stichworte zu den wichtigsten Ereignissen.

d) *Weiterführende Aufgabe:*
- Stellt euch vor, ihr müsstet Ismaels Entwicklung bewerten. Einigt euch gemeinsam auf eine Bewertung auf der Skala von 1 (sehr schlecht) bis 10 (sehr gut). Begründet eure Entscheidung in drei Sätzen. Schreibt in eure Hefte.

Figuren

Scobie – Eine Figur über eine Schlüsselstelle charakterisieren

1 *Ismael fragt Scobie einmal, ob es stimmt, dass er keine Angst mehr spürt.*
   a) *Lies seine Antwort und notiere deine Gedanken und Fragen dazu neben der Sprechblase.*
   b) *Vergleicht eure Ergebnisse und findet gemeinsam mögliche Antworten auf eure Fragen.*

„Schon ... der Tumor ... die Operation ... das stimmt alles. Die andere Geschichte ... dass ich keine Angst empfinde ... das hängt davon ab, wie du sie betrachtest. Vielleicht war es gar nicht das Skalpell. Vielleicht ... Wenn du in
5 einem Operationssaal liegst und jemand schneidet dir im Kopf herum ... und du weißt nicht, ob du ... [...] Also ... vielleicht kann jeder Mensch nur eine bestimmt Menge Angst ertragen ... und in diesem einen Augenblick brauchst du all diese Angst auf, die du jemals empfin-
10 den könntest ... und die Angst schneidet in dich hinein ... und sie schneidet so tief ein, dass du einfach beschließt, dass nichts anderes es wert ist, überhaupt Angst zu haben...und dass dich niemals wieder etwas erschrecken kann ... weil du es einfach nicht zulässt."

Michael Gerard Bauer: Nennt mich nicht Ismael!
Aus dem Englischen übersetzt von Ute Mihr.
5. Aufl. München: Deutscher Taschenbuch Verlag GmbH & Co. KG 2011,
S. 169 © 2008 Carl Hanser Verlag, München

c) *Kannst du Scobies Aussagen zu seiner Angstlosigkeit nachvollziehen? Begründe deine Meinung.*

_____
_____

2 *Benenne Situationen, die zeigen, dass Scobie ohne Angst ist, und erläutere seine Art zu handeln.*

Situation	Scobies Art zu handeln
Kap. 14: Am ersten Schultag will Barry Scobie provozieren. Sie liefern sich ein langes Wortgefecht.	

3 *Schreibe eine Charakterisierung Scobies. Berücksichtige dabei, welchen Einfluss die Tumoroperation auf seine Eigenschaften und Verhaltensweisen hatte. Schreibe in dein Heft.*

Figuren

Der Debattierclub – Motive der Teilnehmer untersuchen

1 *Scobies Debattierclub treten neben Ismael drei weitere Schüler bei: Bill Kingsley, Prindabel und Razza.*
  a) Wähle eine der Figuren aus, die du näher untersuchen möchtest.
  b) Lies die Kapitel 21 und 34-36. Stelle anschließend die Informationen über deine Figur zusammen.

Name des Teilnehmers:	
Eigenschaften:	
Gründe für die Teilnahme:	
Lernerfolge:	

2 a) *Beantworte die Fragen aus Sicht deines Teilnehmers. Ergänze zwei Fragen. Schreibe in dein Heft.*
  b) *Spielt die Interviews vor. Bereitet euch darauf in Partnerarbeit vor.*

Interview mit _____

Frage: Was hat dich zur Teilnahme am Debattierclub bewogen?

Frage: Wie würdest du dich selbst beschreiben? Wie kannst du dem Team helfen?

Frage: _____

Frage: _____

Frage: Wie hat sich das Team deiner Meinung nach entwickelt?

3 *Schreibe aus Sicht deiner Figur einen Artikel für die Schülerzeitung des St Daniel's Boys College, in dem du für den Debattierclub wirbst. Gehe darin auf deine Erfahrungen mit dem Debattieren als auch auf deine Einschätzung des Teams und seiner Entwicklung ein. Schreibe ins Heft.*

Figuren

Ismael und Kelly – Die Entwicklung der Beziehung erschließen (Teil 1)

1 *a) Lies S. 149-151 und beschreibe Kellys Aussehen.*

_____
_____
_____
_____
_____
_____

b) Beschreibe Ismaels Gefühle für Kelly während des Debattier-Workshops (S. 143-148).

_____
_____
_____

c) Ismaels Gefühle für Kelly lassen sich nicht mit ihrem Aussehen begründen. Nimm zu dieser Aussage Stellung.

_____
_____
_____
_____

2. *Während ihres Gesprächs im Anschluss an das Debattier-Finale unterhalten sich Ismael und Kelly über vier verschiedene Themen: Die Debatte, bei der Ismael einspringen musste, über Marty, Kellys Bruder, dem Ismael in den „Feldern" beigestanden hatte, über Moby Dick bzw. Ismaels Vornamen und über Orazio, der gerade dazukommt.*
a) Lies das Gespräch. Markiere auf der Skala auf Teil 2 des Arbeitsblatts, wie du Ismaels bzw. Kellys Selbstsicherheit während der verschiedenen Phasen des Gesprächs einschätzt.
b) Notiere, wie Ismael bzw. Kelly sich während der verschiedenen Phasen des Gesprächs verhalten und welche Gefühle sie haben.

3 *Halte fest, mit welchen Gedanken Kelly und Ismael auseinandergehen.*
a) Lies S. 252-256. Notiere anschließend, wie Ismael seine Bedeutung für Kelly einschätzt.

_____
_____
_____
_____

b) Kellys Sicht wird im Roman nicht dargestellt. Schreibe auf, was Kelly ihrer Freundin in einem Telefongespräch im Anschluss an ihr Gespräch mit Ismael sagen könnte. Schreibe in dein Heft.

Figuren

Ismael und Kelly – Die Entwicklung der Beziehung erschließen (Teil 2)

Gesprächsthema	Debatte	Marty	Moby Dick	Orazio
Kellys Verhalten und Gefühle				

sehr selbstsicher

Kelly   Ismael

sehr unsicher

Ismaels Verhalten und Gefühle

Handlung

Machtspiele – Einen Konflikt erschließen (Teil 1)

Als Miss Tarango die Klasse betritt, schätzt Ismael „ihre Lebenszeit auf höchstens eine Woche" (S. 33). Schnell ändert sich dieser Eindruck.

1 *a) Unterstreiche Miss Tarangos Verhalten gegenüber Barry blau, Barrys Reaktionen rot.*

Miss Tarango fixierte Barry Bagsley mit ihren hellen blauen Augen. Die anderen Schüler warteten. Die anderen Schüler warteten noch ein bisschen länger. Die anderen Schüler fragten sich unbehaglich, wie lange sie wohl noch warten müssten. Das Grinsen auf den Gesichtern der Jungen neben Barry Bagsley erstarb. Miss Tarango schwieg und lächelte wie das Covergirl einer Hochglanzillustrierten. Barry Bagsley rutschte ein bisschen auf seinem Stuhl hin und her. (S. 33)
„Jungs." Sie lächelte süß. „Wenn ihr mit euren Listen fertig seid, gebt sie ab, dann haben wir vor dem Klingeln zur Mittagspause noch Zeit für ein Spiel, das euch bestimmt allen Spaß macht."
Gefaltete Blätter wurden raschelnd nach vorne durchgereicht.
„Ach ja, Jungs ... noch was."
Das anschwellende Gemurmel im Raum verebbte.
„Ich brauche einen Freiwilligen", sagte sie und musterte die Klasse erwartungsvoll, bevor sie ihren Blick auf den in seinem Stuhl fläzenden Barry Bagsley senkte. (S. 43)

Michael Gerard Bauer: Nennt mich nicht Ismael! Aus dem Englischen übersetzt von Ute Mihr.
5. Aufl. München: Deutscher Taschenbuch Verlag GmbH & Co. KG 2011 © 2008 Carl Hanser Verlag, München

b) Beschreibe, wie Miss Tarangos Verhalten auf dich wirkt.

_____

_____

c) Erkläre, was Miss Tarango mit ihrem Verhalten Barry gegenüber erreichen möchte.

_____

_____

2 *Miss Tarango spielt mit der Klasse ein Spiel. Unterstreiche in ihrer Spielerklärung Formulierungen, die auf Schwierigkeiten in dem Spiel hinweisen. Erläutere am Rand des Zitats, worin diese bestehen.*

| Ich sagte es bereits. Ich werde nicht mit dir sprechen oder in irgendeiner Weise mit dir in Kontakt treten, aber bevor ich den Stuhl dreimal umrundet habe, wirst du aufgestanden sein. Du musst die ganze Zeit nach vorne schauen. Wenn du dich umdrehst, hast du die Aufgabe nicht bestanden. Lässt du dich darauf ein? | ohne Sprache weiß man nicht, was der andere will; man wird unsicher |

Michael Gerard Bauer: Nennt mich nicht Ismael! Aus dem Englischen übersetzt von Ute Mihr.
5. Aufl. München: Deutscher Taschenbuch Verlag GmbH & Co. KG 2011, S. 45 © 2008 Carl Hanser Verlag, München

Handlung

Machtspiele – Einen Konflikt erschließen (Teil 2)

3 *Lies S. 47-49. Erkläre dann mithilfe der Grafik Barrys und Miss Tarangos Verhalten während des Spiels.*
   a) Notiere an den entsprechenden Stellen der Abbildung, welche Verhaltensweisen die beiden zeigen.

b) Beurteile, welche Verhaltensweisen von Miss Tarango eine besonders starke Wirkung auf Barry haben. Begründe deine Meinung.

_____
_____
_____

4 *Beurteile die Folgen des Spiels für Barry, Miss Tarango und die Klasse.*

_____
_____
_____
_____
_____
_____

Handlung

„Ja, nennt mich Ismael!" – Den Romanschluss untersuchen

1 *Lies noch einmal Kapitel 50.*

a) Der Roman endet mit „Ja, nennt mich Ismael!". Erläutere, was in dieser Aussage Ismaels zum Ausdruck kommt.

_____
_____

b) Erkläre, wie es dazu kommt. Berücksichtige dabei Ismaels Verhältnis zu Barry und Kelly sowie seine Erfahrungen im Debattierteam.

_____
_____
_____
_____
_____

2 *Versetze dich in den Moment, als Ismael im Gras liegt, und schreibe alles das auf, was Ismael in diesem Moment durch den Kopf geht. Du kannst dabei Formulierungen aus Ismaels Bericht übernehmen.*

Thematische Aspekte

Moby Dick" – Bezüge zu Hermann Melvilles Roman verstehen (Teil 1)

1 *Lies den folgenden Auszug aus der Inhaltsangabe zu Hermann Melvilles Roman „Moby Dick". Entscheide anschließend, was das Hauptthema dieses Romans ist. Wähle dazu einen der Begriffe aus dem Wortspeicher. Begründe deine Wahl.*

Hermann Melville: Moby Dick oder Der weiße Wal (1851)

Moby-Dick beginnt mit dem Satz: „Call me Ishmael." Es folgt die Ich-Erzählung des Matrosen Ismael [...], der ursprünglich aus einer guten Familie stammt, sich aber [...] entscheidet, als einfacher Matrose zur See zu fahren. Er selbst spricht von einem unbändigen Drang [...], der ihn überkomme, wenn er des Festlands überdrüssig sei. Ismael hat bereits einige Fahrten auf Handelsschiffen hinter sich, will nun aber auf einem Walfänger anheuern.

Auf dem Weg zur Walfängerinsel Nantucket an der amerikanischen Ostküste steigt Ismael in New Bedford in der Herberge des ominösen[1] Peter Coffin ab, wo er dem Harpunier Queequeg begegnet, einem am ganzen Körper tätowierten Südseeinsulaner, der möglicherweise auch ein Kannibale war. [...] Ismael und Queequeg schließen bald darauf Blutsbrüderschaft. In Nantucket heuern beide auf einem bizarr dekorierten Walfänger an, der (vorbedeutungsvoll) nach dem ausgerotteten Stamm der Pequod-Indianer benannt ist. [...]

Die Fahrt beginnt an Weihnachten. Der Kapitän Ahab lässt sich anfangs nicht an Deck blicken. Erst nach einiger Zeit auf See kommt er aus seiner Kabine und erklärt der Mannschaft anlässlich einer überaus pathetischen[2], der Manipulation seiner Untergebenen dienenden Szene das *wahre* Ziel der Fahrt. Er will Moby Dick, den weißen Wal, der ihm das Bein abgerissen hat, jagen und erlegen. Als Anreiz für die Mannschaft nagelt er eine Golddublone[3] an den Hauptmast, die derjenige erhalten soll, der den Wal als erster sichtet. Die Mannschaft, aufgeheizt durch den charismatischen[4] und wahnsinnigen Kapitän, schwört sich auf Ahab und dessen Ziel ein.

Ahabs einziger wahrer Gegenpart ist der erste Obermaat[5], Starbuck, ein kühner und erfahrener Seemann, [...]. Einmal erwägt Starbuck sogar heimlich, Ahab zum Schutze der Mannschaft zu töten, lässt aber im letzten Moment davon ab. [...]

Nachdem das Schiff das Kap der Guten Hoffnung umrundet hat, werden öfter Wale gesichtet, die von der Mannschaft gejagt und erlegt werden. [Ihr] Fang und [ihre] Verarbeitung [werden] sachgerecht und detailliert beschrieben. Die Fahrt wird regelmäßig durch Begegnungen mit anderen Schiffen unterbrochen, deren Kapitäne [...] Ahab jedes Mal nach einer Sichtung des Weißen Wales befragt [...]. Im letzten Teil des Romans wird Queequeg todkrank; auf seinen Wunsch hin wird ihm ein Sarg gezimmert. Letztlich überlebt Queequeg [...] und sein Sarg wird gelegentlich als Ersatz für den zwischenzeitlich verlorenen Rettungsring genutzt.

Nach einer Fahrt durch den Indischen Ozean und durch die indonesischen Inseln bekommt die Pequod östlich von Japan endlich Kunde von einer Sichtung des Weißen Wals. Die Jagd auf ihn dauert drei Tage. Dabei wird Ahab von Moby Dick unter Wasser gezogen, und der Wal rammt und versenkt die Pequod. Mit Hilfe von Queequegs Sarg kann sich Ismael über Wasser halten und wird von einem Walfänger als einziger Überlebender der Katastrophe gerettet.

http://de.wikipedia.org/wiki/moby-dick (Stand: 24.01.2012)

[1] ominös: geheimnisvoll, unheimlich
[2] pathetisch: ausdrucksvoll, feierlich
[3] Golddublone: frühere spanische Goldmünze
[4] charismatisch: beeindruckend, jemand mit besonderer Ausstrahlung und Überzeugungskraft
[5] Obermaat: Unteroffizier

WORTSPEICHER

Rache   Größenwahn   Abenteuer   Walfang   Gemeinschaft   Kampf gegen die Natur

---

Hauptthema:

Thematische Aspekte

„Moby Dick" – Bezüge zu Herman Melvilles Roman verstehen (Teil 2)

2 Benenne auffällige Parallelen zwischen den Romanen „Moby Dick" und „Nennt mich nicht Ismael!".
Mögliche Vergleichsaspekte findest du im Wortspeicher.

WORTSPEICHER

Figuren   Beziehung der Figuren   Handlung, Ort   Tätigkeiten der Figuren

Hermann Melville: „Moby Dick"	Michael G. Bauer: „Nennt mich nicht Ismael!"
Ismael Ahab Queequeg Walfang Der weiße Wal Starbuck Die Mannschaft der Pequod ...	Ismael Barry Scobie Bill Debattieren Razza Prindabel Kelly Das Debattierteam ...
Die Mannschaft der Pequod – wird von Kapitän Ahab auf ein gemeinsames Ziel, die Jagd auf Moby Dick, eingeschworen.	Das Debattierteam – wird von Scobie zusammengehalten. Er bereitet es auf die Debattierwettbewerbe vor

3 Ismael identifiziert sich nicht mit dem Moby-Dick-Erzähler Ismael, sondern mit Kapitän Ahab.
a) Lies S. 258–260 und notiere, was Ismael, den Ismael aus „Moby Dick" und was Kapitän Ahab kennzeichnet.

Ismael:
- ist voller Wut auf Barry

Ismael aus „Moby Dick":

Kapitän Ahab:

b) Erläutere, warum sich Ismael besser mit Kapitän Ahab als mit Ismael identifizieren kann.
Schreibe in dein Heft.

Thematische Aspekte

Mobbing – Informationen eines Sachtexts auf den Roman beziehen (Teil 1)

1. Erschließe den Text, indem du folgende Lesestrategien anwendest:
 a) Markiere Begriffe, die dir unklar sind, durch ein Fragezeichen am Rand und schlage die Bedeutung in einem Wörterbuch nach. Schreibe kurze Erläuterungen in die Randspalte.
 b) Unterteile den Text in folgende vier Abschnitte und setze die Überschriften zu Beginn des passenden Abschnitts an den Rand.

- ☐ Definition von Mobbing
- ☐ Persönlichkeitszüge von Opfern und Tätern
- ☐ Maßnahmen gegen Mobbing
- ☐ Auswirkungen von Mobbing

c) Fasse die jeweils wichtigsten Informationen der vier Abschnitte zusammen. Schreibe in dein Heft.

Annemarie Renges: Mobbing in der Schule

Der Begriff Mobbing stammt aus dem Englischen und bedeutet anpöbeln, fertigmachen (mob = Pöbel, mobbish = pöbelhaft). Mobbing ist eine Form offener und/oder subtiler Gewalt gegen Personen über längere Zeit mit dem Ziel der sozialen Ausgrenzung. Es
5 kann sich dabei um verbale und/oder physische Gewalt handeln. Mobbing unter Schülern bezeichnet alle böswilligen Handlungen, die kein anderes Ziel haben, als eine Mitschülerin oder einen Mitschüler fertig zu machen. Dazu gehören
 ☐ als direktes Mobbing: Hänseln, Drohen, Abwerten, Beschimp-
10   fen, Herabsetzen, Bloßstellen, Schikanieren
 ☐ als indirektes Mobbing: Ausgrenzen, Ruf schädigen, „Kaltstellen" durch das Vorenthalten von Informationen und Beschädigen von Eigentum der gemobbten Person u. ä. [...]
Zunächst ist Mobbing auch dadurch wirksam, dass die Opfer das
15 „Problem" erst einmal bei sich selbst suchen, und dies oft über längere Zeit. Nur selten informiert ein Schüler oder eine Schülerin einen Lehrer oder erzählt den Eltern, was tagtäglich passiert.
Die Folgen wirken sich auf die gesamte Persönlichkeit aus: Zum Verlust des Selbstvertrauens (nicht nur im Leistungsbereich) kön-
20 nen Schlafstörungen und Konzentrationsprobleme kommen. Durch die wahrgenommene Isolierung und Einsamkeit entwickeln sich depressive Tendenzen und Passivität. Die Lernmotivation nimmt ab bis zu Lernunlust und Schulvermeidung.
Folgende Bereiche können betroffen sein:
25 ☐ Physische Schädigungen (Verletzungen)
 ☐ Psychische Schädigungen (z. B. Zerstörung des Selbstbewusstseins)
 ☐ Psychosomatische Reaktionen (z. B. Appetitlosigkeit, Bauchschmerzen, Albträume, Schlafstörungen)
30 ☐ Sonstige Reaktionen (z. B. Unkonzentriertheit, Leistungsrückgang, Fehltage durch „Krankheitstage" oder Schwänzen, Rückzug aus sozialen Bezügen, Ängste, Depressionen, bis zu Suizidversuchen bzw. vollzogenem Suizid) [...]
Grundsätzlich ist Mobbing kein individuelles Problem der Opfer
35 oder Täter, sondern ein [...] Gruppenphänomen, das eskaliert ist, weil keine rechtzeitigen und hinreichenden Interventionen erfolgten.
Jedoch scheinen bestimmte Persönlichkeitszüge der Opfer Mobbing zu fördern: so können Schüler betroffen sein, die ängstlich
40 oder überangepasst sind und ein geringes Selbstwertgefühl haben.

Randspalte: ? subtil: fein, unterschwellig

Mobbing – Informationen eines Sachtexts auf den Roman beziehen (Teil 2)

Auch auffälliges oder andersartiges Aussehen, Ungeschicklichkeit, Hilflosigkeit oder geringe Frustrationstoleranz können dazu [führen]. Manchmal kommen potentielle Opfer auch aus Familien mit betont gewaltsensiblen bzw. gewaltächtenden Verhaltensnormen,
45 oder es trifft Schüler, die besonders gutgläubig und vertrauensvoll auf ihre Mitschüler zugehen. Letztlich verfügen sie nicht über die nötige soziale Gewandtheit, um ganz allein den Angriffen der Täter die Stirn zu bieten.

Bei Tätern, d. h. Schülern, die aktiv mobben, sind häufig folgende
50 Tendenzen zu beobachten: Demonstration von Stärke/Macht (häufig körperliche, seltener geistige Überlegenheit), Steigerung des (mangelnden) Selbstwertgefühls, Kompensation von Schwächen, Führer-Verhalten (sie haben oft Anhänger/Mitläufer in Cliquen). Sie halten sich für etwas Besseres, zeigen dies lautstark und wollen
55 sich vor den anderen brüsten.

Von Mobbing-Situationen Betroffene brauchen Unterstützung von außen, denn Mobbing-Opfer können sich meist nicht mehr selbst wehren. Schüler/innen sollen den Mut haben, sich an eine Person zu wenden, die helfen kann (Lehrer, Schulpsychologen, Eltern,
60 Freunde, Außenstehende, Beratungsstelle).

https://www.familienhandbuch.de/schule/schulprobleme/mobbing-in-der-schule (Stand: 12.3.2012)

2 *Untersuche auf der Grundlage der Informationen des Sachtextes,*
- *welchen Formen des Mobbings Ismael ausgesetzt ist,*
- *welche der im Sachtext erwähnten Reaktionen auf das Mobbing Ismael zeigt,*
- *welche der genannten Persönlichkeitszüge bei Ismael zu finden sind.*

Nenne jeweils mindestens drei Beispiele (mit Seitenbelegen).

Formen des Mobbing:

Reaktionen auf Mobbing:

Persönlichkeitszüge:

Thematische Aspekte

Schlagfertigkeit – Selbstbewusst kommunizieren (Teil 1)

 1 *Im Folgenden findet ihr einige Möglichkeiten, wie man auf verbale Angriffe schlagfertig reagieren kann. Erläutert anhand der Beispiele, wie diese Strategien funktionieren.*

Unerwartet zustimmen
Dies ist eine Spitzenmethode der Schlagfertigkeit. Wenn du unerwartet zu einem Vorwurf stehst, der dir gemacht wird, nimmst du dem Angreifer voll den Wind aus den Segeln.
- ☐ Hast du gerade einen fahren lassen?
- ↪ Ja, selbstverständlich! Oder glaubst du, ich riech immer so?

Sich indirekt ausdrücken
Wenn du dem Angreifer etwas erwiderst, möchtest du ihn in schlechtem Licht erscheinen lassen. Damit deine Erwiderung dabei auch schlagfertig wirkt, drückst du dich indirekt aus: du musst eine Andeutung machen! Dann muss der Angreifer erst darüber nachdenken, was eigentlich Sache ist.
- ☐ Du solltest auf die Sonderschule gehen.
- ↪ Prima, da können wir uns ja 'ne Schulbank teilen.

Glasklar richtigstellen
Dies ist eine Methode, mit Vorwürfen und Angriffen selbstbewusst umzugehen. Was auch immer der andere dir vorwirft, du hörst es an, bewertest es und schickst dann das Gegenteil des Vorwurfs zurück. Das klappt wunderbar – schau's dir an:
- ● Du hast doch nicht alle Tassen im Schrank.
- ↪ Deine Bemerkung ist völlig unbrauchbar, meine Tassen sind alle da, wo sie hingehören.

Zitate entnommen aus: Matthias Pöhm: Schlagfertig auf dem Schulhof! – Anti-Mobbing: Wie man Mobbern clever Paroli bietet.
© 2011 Pöhm Seminarfactory, Switzerland (geändert und gekürzt)

2 *Markiere im Wortwechsel Barry und Scobie die Stellen, in denen Scobie schlagfertig reagiert, und notiere am Rand, welche der genannten Strategien er jeweils anwendet.*

B: „Mann, wenn ich *wollte*, könnte ich dich *in der Mitte durchbrechen* wie eine *Brezel*. Wenn du also, wie du *sagst*, tatsächlich *keine Angst* hast, würde ich dir dringend empfehlen, langsam Angst zu *bekommen*."

5 S: „Pass auf", [...]. „Ich bin sicher, dass du sehr stark und tapfer bist, immerhin musst du dich jeden Tag im Spiegel anschauen ..." „... und vielleicht *sollte* ich ja Angst vor dir haben, denn wenn es stimmt, wie man sagt, dass der Halbgebildete schlimmer ist als der Unwissende, dann bist du wahrscheinlich absolut tödlich..." „... aber es tut mir
10 leid." „Ich habe keine Angst. Das hat nichts mit dir zu tun. Sondern damit."

Mit diesen Worten schob er die Haare über seiner linken Schläfe weg. Über seinem Ohr wurde eine lange, ovale Narbe sichtbar. Scobie drehte sich, damit alle sie sehen konnten.

Michael Gerard Bauer: Nennt mich nicht Ismael! Aus dem Englischen übersetzt von Ute Mihr.
05. Aufl. München: Deutscher Taschenbuch Verlag GmbH & Co. KG 2011, S. 85 f. © 2008 Carl Hanser Verlag, München

Thematische Aspekte

Schlagfertigkeit – Selbstbewusst kommunizieren (Teil 2)

3 a) Den weiteren Verlauf des Wortwechsels zwischen Barry und Scobie kommentiert Ismael mit „Langsam wurde es richtig gemein". Lies die Seiten 86-87 und untersuche, wodurch dieser Eindruck entsteht. Beziehe dich dabei auf die genannten Strategien.

___

b) Lies den Schluss des Streitgesprächs. Wie geht das Streitgespräch aus? Kommentiere.

___

4 Auch Razza ist den Angriffen Barrys ausgesetzt.
a) Beschreibe Razzas Reaktionen in der folgenden Situation mithilfe der Strategien. Erläutere insbesondere Razzas Reaktion auf Barrys zweiten Angriff.

B: „Was ist los, Or-*arsch*-io? Du hast doch sonst immer so viel zu sagen. Du schaust ein bisschen traurig aus. Sag mir nicht, dass du letzte Nacht wieder ins Bett gemacht hast?"

„Auf keinen Fall", sagte Razza ehrlich entsetzt. „Ich habe das schon seit Wochen nicht mehr gemacht. Ich bin geheilt. Ich habe die totale Kontrolle über meine Blase. Jetzt mache ich nur ins Bett, wenn ich es will.", sagte er stolz.

Barry Bagsley starrte Razza an, als würde er vom Mond kommen. „Du bist ein Idiot, Zorzotto, und du weißt es."

Razza lächelte: „Meinst du?", entgegnete er freundlich, während er Barry Bagsleys starrem Blick standhielt. „Das kann ich kaum beurteilen. Ich habe gehört, dass man selbst am wenigsten weiß, wie es um die eigene geistige Gesundheit bestellt ist."

Ihre Blicke hingen noch ein paar Sekunden aneinander, dann richtete Barry Bagsley die Augen auf mich: „Und was ist dein Problem, Stinkstiefel? Du heilst doch nicht wegen Billy Kingsize und seinem sauschlechten Referat? Sein Fehler. Du hast Barker gehört, er war einfach nicht vorbereitet. Unerhört."

Michael Gerard Bauer: Nennt mich nicht Ismael! Aus dem Englischen übersetzt von Ute Mihr. 5. Aufl. München: Deutscher Taschenbuch Verlag GmbH & Co. KG 2011, S. 267 f. © 2008 Carl Hanser Verlag, München

b) Untersuche Barrys Verhalten, indem du stichwortartig beschreibst, welche Strategien er anwendet.

___

c) Erläutere, weshalb er seinen Gesprächspartner wechselt.

___

Thematische Aspekte

Die Macht der Sprache – Scobies Redetalent erschließen

1 *Wie wirkt das Gedicht auf dich? Nenne mindestens zwei Adjektive.*

_____

_____

2 *a) Formuliere zu jeder Strophe in der rechten Spalte eine Überschrift.*

Wir sind die Männer vom St. Daniel's	Überschriften
Wir tragen das mächtige Blau und Weiß, / der Kampf ist hart, / das Spiel ist heiß. / Aufgeben? Nie! Wir holen den Preis, / mit aller Kraft und allem Mut.	
Wir gehen voll Stolz hinein in das Spiel, / nicht Niederlage, / nein, Sieg ist das Ziel. / Wir kämpfen und wir erreichen viel, / und weichen niemals zurück.	
Und ist unser Tun auch vergeblich, / wir lassen nicht nach, / bemühen uns redlich. / Wir überwinden, was uns schädlich, / und gehen auf Kurs zum Sieg.	
Und wenn die Schlachten dann geschlagen, / Sieg oder Niederlage, / wir werden's ertragen. / Gemeinsam können wir alles wagen, / verhindern kann das kein Feind.	
Wir sind die Männer vom St. Daniel's, / wir geben nicht auf, / sind unbeugsam wie Fels. / Wir kämpfen wie Löwen und uns gefällt's, / denn wir sind die Männer vom St. Daniel's.	

Michael Gerard Bauer: Nennt mich nicht Ismael! Aus dem Englischen übersetzt von Ute Mihr. 5. Aufl. München: Deutscher Taschenbuch Verlag GmbH & Co. KG 2011, S. 114 f. © 2008 Carl Hanser Verlag, München

b) Unterstreiche Wiederholungen und Vergleiche und erläutere deren Bedeutung und Wirkung.

<u>Kampf/kämpfen – Das Footballspiel ist wie ein Kampf. Es ist den Spielern sehr wichtig.</u>

_____

_____

3 *Lies noch einmal die Seiten 112-116. Stellt anschließend gemeinsam Vermutungen darüber an, warum das Gedicht eine solche Wirkung bei seinen Mitschülern entfalten konnte.*

Thematische Aspekte

Debattierwettbewerbe – Die Regeln bewerten

1 *Seine Meinung zu begründen lernt man in der Schule ab der 5. Klasse. Einige Schüler nehmen sogar an offziellen Wettbewerben zum Argumentieren und Debattieren teil. In welchen Lebenssituationen kann man diese Fertigkeiten einsetzen? Nenne Beispiele und erläutere diese.*

_____

_____

2 *In Debattierwettbewerben bekommen die Teilnehmer ein Thema gestellt und zugewiesen, welche Überzeugung sie vertreten sollen. Welche Vorteile, welche Nachteile siehst du in diesen Debattenregeln? Notiere deine Argumente.*

Pro: Vorteile dieser Debattenregeln	Kontra: Nachteile dieser Debattenregeln

3 *Die Schüler lernen beim Debattier-Workshop (S. 143-148) die vier Schritte des Debattierens kennen.*
   a) *Nenne diese Schritte.*
   b) *Untersuche, inwiefern die Jungen bei der Vorbereitung der Abschlussdebatte (S. 205-209) die „vier Schritte der erfolgreichen Widerlegung" anwenden. Notiere dazu ihre Schritte (mit Seitenangaben).*

Die vier Schritte der erfolgreichen Widerlegung von Argumenten	Debattenthema: Haben Science-Fiction- und Fantasy-Filme für die Probleme der heutigen Welt eine Bedeutung?
1	
2	
3	
4	

4 *Nimm dazu Stellung, ob du die vier Schritte der erfolgreichen Widerlegung auch anwenden würdest. Begründe deine Meinung. Schreibe in dein Heft.*

Erzählweise, Sprache und Stil

Barry als Hautreizung – Vergleiche und Metaphern erschließen

TIPP

Bei einem **Vergleich** werden zwei verschiedene Bedeutungsbereiche durch ein Vergleichswort verknüpft, z. B. *Seine Augen bohrten sich in mich wie Bohrer.*
Bei einer **Metapher** wird ein Bereich ohne vergleichendes „wie" mit einem anderen Bedeutungsbereich übertragen, z. B. *Er war für seinen Spott die ideale Zielscheibe.*

1 Lies die folgenden Zitate aus dem Roman und unterstreiche die Vergleiche und Metaphern.

Miss Tarangos Augen blickten prüfend auf ihre Schüler, und das Grinsen fiel von ihren Gesichtern ab wie Fliegen von einer elektrischen Fliegenfalle. (S. 69)

Hatte Scobie jemals erlebt, dass sich seine Beine anfühlten wie Pudding und die Kniescheiben herumkugelten wie die Bälle bei der Ziehung der Lottozahlen? (S. 128)

Barry sah James Scobie an wie ein Junge, der gerade das Weihnachtsgeschenk ausgepackt hat, von dem seine Eltern sagen, dass es eigentlich zu teuer sei. (S. 69)

Ich vermute, Barry Bagsley war im Vergleich wie eine kleine Reizung auf der Haut. (S. 223)

Die ganze Klasse war eine einzige gerunzelte Stirn. (S. 81)

In meinem Magen hatte sich spritzend und schäumend ein Zementmixer in Gang gesetzt. (S. 214)

Miss Tarango: „Bill, was soll ich sagen. Hervorragend! Du bist mein Jedi-Ritter in schimmernder Rüstung." (S. 221)

Michael Gerard Bauer: Nennt mich nicht Ismael! Aus dem Englischen übersetzt von Ute Mihr. 5. Aufl. München: Deutscher Taschenbuch Verlag GmbH & Co. KG 2011 © 2008 Carl Hanser Verlag, München

2 Wähle mindestens zwei Beispiele aus, deren Wirkung du näher untersuchen möchtest. Lege dazu in deinem Heft eine Tabelle nach dem folgenden Muster an.

Vergleich/Metapher	Was wird beschrieben?	Womit wird das Beschriebene verglichen?	Was wird damit verdeutlicht?
Die ganze Klasse war eine einzige gerunzelte Stirn. (S. 81)	Klasse	gerunzelte Stirn	Die ganze Gruppe denkt angestrengt nach.
…			

Erzählweise, Sprache und Stil

Mit Witz und Spott – Ismaels Erzählhaltung gestaltend untersuchen (Teil 1)

1 *Lies die beiden folgenden Zitate. Achte dabei auf die hervorgehobenen Textstellen. Bearbeite anschließend jeweils die folgenden Aufgaben.*
   a) Notiere stichwortartig, wie du Ismaels Original bzw. die „Fälschung" findest.
   b) Vergleiche deine Einschätzung mit der deines Partners. Ergänze gegebenenfalls deine Notizen.

1	„Fälschung"	Ismaels Original
	„He, Stinkstiefel – schmeiß mal einen roten Stift rüber. Du bist doch bestimmt gut im Sch-m-eißen, oder, Stinki?" **Barry Bagsley war nach wie vor derselbe. Ich konnte mich einfach nicht gegen ihn durchsetzen.**	„He, Stinkstiefel – schmeiß mal einen roten Stift rüber. Du bist doch bestimmt gut im Sch-m-eißen, oder, Stinki?" **Immer noch der alte Barry Bagsley. Ich finde, man musste ihm einfach geben, was er verlangte. (S. 32)**

2	„Fälschung"	Ismaels Original
	Prue ist im Vergleich zu mir einfach viel intelligenter. Neben ihr fühle ich mich wirklich sehr unfähig.	**Wenn Gehirne Autos wären, dann wäre Prue ein Rolls Royce, ich dagegen ein aufgebocktes Goggomobil, dem der halbe Motor fehlt. Und wie fühle ich mich wohl dabei? Ich will es euch sagen: Wie der einzige Mensch der den Job des Dorftrottels nicht bekommen hat, weil er hoffnungslos überqualifiziert ist. (S. 15)**

Michael Gerard Bauer: Nennt mich nicht Ismael! Aus dem Englischen übersetzt von Ute Mihr. 5. Aufl. München: Deutscher Taschenbuch Verlag GmbH & Co. KG 2011 © 2008 Carl Hanser Verlag, München

Erzählweise, Sprache und Stil

Mit Witz und Spott – Ismaels Erzählhaltung gestaltend untersuchen (Teil 2)

2 *Beschreibt, wie die hervorgehobenen Textabschnitte des Originaltextes auf euch wirken. Was löst der Text in euch aus?*

Zitat 1

_____
_____
_____
_____

Zitat 2

_____
_____
_____
_____

3 *Formuliere eine der beiden folgenden Situationen so, dass du eine ähnliche Wirkung erzeugst.*

Situation 1: Die Jahresabschlussfeier
Ismaels Eltern sind beide anwesend. Ismaels Vater steht mit Miss Tarango zusammen.
Er erzählt ihr die Geschichte, wie Ismael zu seinem Namen gekommen ist.
Ismael sieht, dass Barry und Danny Wallace zuhören.

Situation 2: Nach dem Debattierwettbewerb
Zwei Schüler der Parallelklasse unterhalten sich über Ismaels Auftritt und lachen.
Ismael beobachtet sie und kommentiert die Situation.

Schreibe in dein Heft.

4 *Beschreibt, welchen Eindruck ihr von Ismael erhaltet durch die Art, wie er sich ausdrückt.*

<u>Ich habe von Ismael den Eindruck, dass</u> _____

_____
_____
_____

Rezeption und Produktion

Ich werde da sein! – Eine Szene planen und schreiben

„Nächstes Jahr", sagte er und schaffte es irgendwie, dass diese beiden harmlosen Worte klangen wie eine Bombendrohung.
„Ich werde da sein", sagte ich, und zum ersten Mal seit einer Ewigkeit wusste ich, dass das stimmte.

Michael Gerard Bauer: Nennt mich nicht Ismael!
Aus dem Englischen übersetzt von Ute Mihr.
5. Aufl. München: Deutscher Taschenbuch Verlag GmbH & Co. KG
2011, S. 294 © 2008 Carl Hanser Verlag, München

1 *In diesem Dialog bahnen sich neue Konflikte zwischen Ismael und Barry an. Schreibt in Gruppen von etwa fünf Personen Dialoge und Regieanweisungen für eine Szene über das erste Zusammentreffen der beiden nach den Ferien. Folgende Schritte könnt ihr dabei machen:*

a) Ideensammlung mit Hilfe eines Clusters

Barrys Auftreten

Ismaels Auftreten

Das erste Zusammentreffen nach den Ferien

weitere Figuren

Handlungsschritte

b) Dialoge und Regieanweisungen schreiben

Personen	Dialoge	Regieanweisungen
Barry:	Hey, Piss-mael. Gibt's dich immer noch, du kleine Le Sau!	Barry tritt selbstbewusst auf Ismael zu, der sich gerade mit Scobie und Bill unterhält.
Ismael:	…	…

Rezeption und Produktion

„Umwerfend komisch" – Eine Buchbesprechung untersuchen (Teil 1)

1 *Lies die Buchbesprechung des Romans „Nennt mich nicht Ismael!". Unterstreiche dabei die Begriffe, die eine Beurteilung des Romans beinhalten.*

Susanne Gaschke: Moby Dicks Fluch (2008)

Ein hochkomischer Jugendroman über einen Schüler, den seine fiesen Mitschüler drangsalieren

Eltern können einem das Leben schwer machen, ohne es zu wollen. Ismaels Eltern beispielsweise sind eigentlich ausgesprochen nette Leute: der Vater Versicherungsvertreter mit Rockbandvergangenheit, die Mutter Stadträtin, entspanntes Erziehungsverhalten, viel Interesse an ihren beiden Kindern. Leider teilen Ron und Carol Leseur auch eine Begeisterung für Literatur und haben ihren Sohn deshalb Ismael genannt, nach der Haupt- und Erzählerfigur aus Herman Melvilles berühmtem Roman Moby Dick.

Ismael ist davon überzeugt, dass sein eigenartiger Name schuld ist an allen Widrigkeiten, die ihm begegnen: „Das Ismael-Leseur-Syndrom macht aus einer völlig normalen Person eine wandelnde Katastrophe, die auf der nach oben offenen Idioten-Skala mindestens den Wert neun Komma neun erreicht." Am meisten leidet Ismael unter den Quälereien seines Klassenkameraden Barry Bagsley, der keine größere Freude kennt, als Ismaels Namen zu verballhornen: „Ismael? Was ist das denn für ein scheißblöder Name?" Und schon wird aus Ismael „Pissmael", aus „Pissmael" „Küssmal", daraus wieder „Fischmehl". Auch für den Nachnamen findet Bagsley interessante Abwandlungen: „Schisseur", „Le Sau" oder, phonetisch etwas weniger überzeugend, „Stinkstiefel".

Michael Gerard Bauer [...] hat viele Jahre als Englisch- und Wirtschaftslehrer gearbeitet und offenbar sehr genau beobachtet, was Schüler einander auch an angesehenen Schulen und in angenehmen sozialen Verhältnissen antun können. Er lässt Ismael aus der Ich-Perspektive berichten: darüber, wie er versucht, seinen Peinigern – natürlich hat Bagsley eine grölende Anhängerschaft – zu entgehen, wie er sich klein macht und anpasst, immer wieder ausweicht und den Mund hält. Dabei ist Ismael ein sympathischer 14-Jähriger, kein weinerliches Weichei, sondern ein witziger, selbstironischer Junge, der im Notfall (etwa als Bagsleys Gang auf dem Schulweg einen Grundschüler malträtiert) durchaus beherzt eingreift – wohl

---

I: Inhalt

F: Funktion

I: Ismaels Eltern – Wie Ismael zu seinem Namen gekommen ist

F: Romantitel erklären

I:

F:

I:

F:

„Umwerfend komisch" – Eine Rezension untersuchen (Teil 2)

wissend, wie die kommenden Schulwochen daraufhin für ihn aussehen werden.

Warum beschwert sich Ismael nicht bei Eltern oder Lehrern? Es ist der alte, offenbar nicht auszurottende Ehrenkodex der Straße und des Schulhofs, der ihn hindert: Petzen gilt als Todsünde, Erwachseneninterventionen als das Letzte, was hilft. Also braucht man Glück.

Neu in die neunte Klasse des St. Daniel's Boys College kommt James Scobie, ein schmächtiger Junge mit allzu akkuratem Scheitel, der zunächst ein noch besseres Ziel für Barry Bagsleys „strebersuchende Raketen" abzugeben scheint als Ismael. Doch tatsächlich ist der kleine Scobie mit seinen merkwürdigen Gesichtszuckungen ein Superheld: ein sprachbegabtes, sarkastisches Wunderkind, das den Terrormitschüler Bagsley rhetorisch in seine Bestandteile zerlegt. Scobies Freundschaft und die Mitarbeit in einer von Scobie gegründeten Debattiermannschaft helfen Ismael dabei, seine Angst vor Bagsley zu überwinden: Und mit der Angst schwindet augenblicklich dessen Macht.

Mit umwerfender Komik schildert Bauer die Auseinandersetzungen in der Klasse und die verschiedenen Runden der Debattiermeisterschaft, an der die Anti-Bagsley-Mannschaft schließlich teilnimmt. Kaum vorstellbar, in einem deutschen Jugendbuch einen so herrlichen Sieg von Sprache über Gewalt zu finden.

DIE ZEIT vom 20.11.2008

2 Benenne Inhalt und Funktion der Abschnitte, wie es für den ersten Abschnitt vorgemacht ist.

3 a) Beurteile die Buchbesprechung unter Berücksichtigung folgender Aspekte:
- ☐ Verständlichkeit der Sprache: Sind Satzbau und Wortwahl der Rezension verständlich?
- ☐ Bewertung des Romans: Wird die Qualität des Romans logisch nachvollziehbar bewertet?
- ☐ Inhalt des Romans: Sind die wesentlichen Gesichtspunkte des Romans benannt worden?

◆ 4 Schreibe eine eigene Rezension zu „Nennt mich nicht Ismael!" in dein Heft.

TIPP

Eine **Buchbesprechung** (oder Rezension) ist eine kritische Besprechung eines Werks, z. B. eines Romans.
- ☐ Nenne zunächst den Titel und den Autor des Romans.
- ☐ Gehe kurz auf den Inhalt ein.
- ☐ Benenne sprachliche oder stilistische Besonderheiten.
- ☐ Zeige Vorzüge und/oder Nachteile des Romans auf und gib Gründe hierfür an.
- ☐ Schließe die Rezension mit einem Gesamturteil über den Roman.

Klassenarbeit

Name: Klasse: Datum:

Einen literarischen Text untersuchen (Teil 1)

1 *Gliedere den Romanauszug in Abschnitte, nummeriere diese Abschnitte am Rand und formuliere zu jedem Abschnitt eine Überschrift.*

2 *Erkläre die folgenden Zitate aus dem Text. Beziehe dich dabei auf den Textauszug und den ganzen Roman.*
- *Nicht so viel anders, dass er Mitleid erwarten konnte, aber anders genug, um Barry Bagsleys Augen zum Leuchten zu bringen. (Z. 12 f.)*
- *Beim zweiten Mal plätscherte gedämpftes Gelächter durch den Raum. (Z. 28 f.)*
- *Da empfand ich Mitleid für James Scobie. Ich wusste, was ihm bevorstand. Alles an ihm war eine Aufforderung zuzuschlagen, ein lebendiges, atmendes „Schlag mich!"-Schild. (Z. 40–42)*

3 *Dieses Kapitel lässt neue Konflikte erahnen. Erläutere, wie diese Konflikte sich im weiteren Verlauf des Romans entwickeln.*

Hinweis: Nutze die Randspalte für Notizen.

Scobies erster Auftritt

Am ersten Tag des zweiten Halbjahres kam ein neuer Schüler nach St Daniel's.

„Unterbrecht bitte, was ihr gerade tut, und hört zu. Vielen Dank, alle miteinander. Ihr bekommt heute einen neuen Mitschüler. Das ist
5 James, James Scobie. Ich bin sicher, dass ihr ihn alle sehr herzlich willkommen heißt an dieser Schule." Miss Tarangos letzte Worte klangen eher nach Befehl als nach Überzeugung. Und als wir uns James Scobie näher ansahen, war sehr klar, warum.

Der neue Junge war kein Elefantenmensch oder so was. Eigentlich
10 unterschied er sich gar nicht so sehr von allen anderen, und doch war er gerade um so viel anders, dass er direkt in der Gefahrenzone stand. Nicht so viel anders, dass er Mitleid erwarten konnte, aber anders genug, um Barry Bagsleys Augen zum Leuchten zu bringen.

James Scobie war klein und ein bisschen zu adrett. Sein perfekt ge-
15 scheiteltes Haar war aus der Stirn gekämmt wie eine Welle, kurz bevor sie sich bricht. Die Linien, die die Zähne des Kamms hinterlassen hatten, zeichneten sich so deutlich ab wie Fußabdrücke auf dem Mond. Seine Kleider sahen aus, als würde sein Großvater ihn in Sachen Mode beraten: Die Strümpfe waren bis zu den Knien hochgezo-
20 gen und an beiden Beinen genau gleich weit umgeschlagen. Sein Hemd steckte ordentlich in der kurzen Hose, die weit oben über der kleinen Rundung seines Bauches saß. Zu allem Überfluss war

Einen literarischen Text untersuchen (Teil 2)

seine Haut so bleich, dass man befürchten musste, eine starke Brise könne blaue Flecken hinterlassen.

25 All das wurde von der Klasse rasch registriert und dann ad acta gelegt. Was unsere Aufmerksamkeit wirklich erregte, war James Scobies Gesicht oder vielmehr noch, was er mit seinem Gesicht machte. Beim ersten Mal war die Klasse völlig überrumpelt. Beim zweiten Mal plätscherte gedämpftes Gelächter durch den Raum, wurde aber,
30 bevor es anschwellen konnte, durch den schneidenden Ton in Miss Tarangos Stimme unterbunden: „Wie ich bereits sagte, zweifele ich nicht dran, dass ihr alle euch bemühen werdet, James freundlich aufzunehmen, so wie ihr selbst gern in einer neuen Schule empfangen werden würdet."

35 Miss Tarangos Augen blickten prüfend auf ihre Schüler, und das Grinsen fiel von den Gesichtern ab wie Fliegen von einer elektrischen Fliegenfalle. Ich schaute mich nach Barry Bagsley um. Er sah James Scobie an wie ein Junge, der gerade das Weihnachtsgeschenk ausgepackt hat, von dem seine Eltern gesagt hatten, dass es eigent-
40 lich zu teuer sei. Da empfand ich Mitleid für James Scobie. Ich wusste, was ihm bevorstand. Alles an ihm war eine Aufforderung zuzuschlagen, ein lebendiges, atmendes „Schlag mich!"-Schild. Er hätte auch mit einer Zielscheibe auf der Brust in die Schule kommen können.

Michael Gerard Bauer: Nennt mich nicht Ismael! Aus dem Englischen übersetzt von Ute Mihr. 5. Aufl. München: Deutscher Taschenbuch Verlag GmbH & Co. KG 2011, S. 67–70 © 2008 Carl Hanser Verlag, München

Klassenarbeit

Name:　　　　　　　　　　　　　　　　Klasse:　　　　　　　　　　Datum:

Einen literarischen Text untersuchen und Stellung nehmen

1 *Beschreibe Bills Verhalten. Berücksichtige dabei vor allem Bills Reaktionen auf Ismaels Vorschläge.*

2 *Nimm begründet Stellung zu Bills Verhalten. Überlege dazu, was du an Bills Stelle getan hättest.*

Hinweis: Markiere wichtige Textstellen und mache dir Notizen.

Als Bill sein Pult aufklappte, sprang ihm die Urkunde entgegen. Jemand hatte sie mit zwei Reißwecken innen am Pultdeckel befestigt. Aber der Fund machte Bill Kingsley nicht glücklich. Ich sah, wie sich Ent-
5 täuschung auf seinem Gesicht abzeichnete und seine Augen sich verdunkelten wie schmelzendes Glas. Jemand hatte genau in die Mitte seiner Urkunde ein Bild von Jabba dem Hutten geklebt. Unten waren einige Wörter ausgestrichen und krakelig überschrie-
10 ben worden. Statt Verliehen an: *William Kingsley* Für: *Teilnahme an der Debattier-Endrunde in Klasse 9* stand nun mit dickem schwarzem Stift hingekritzelt Verliehen an: *William King-SIZE*
Für: WEIL ER EIN GROSSER, FETTER SCHEISSHAU-
15 FEN IST!
Ich schaute Bill an und musste an sein Gesicht nach der letzten Debatte denken. Jetzt wirkte er benommen und verzweifelt.
Ich riss die Bescheinigung von der Platte ab. „Jetzt
20 reicht's. Ich zeige das Barker."
„Nein, Ismael, mach das nicht."

„Mensch, das ist das Werk von Bagsley und seinen Kumpeln. Ich weiß es. Ich habe gesehen, wie sie heute bei den Schließfächern rumgelungert sind, und danach waren sie im Computerraum. Da haben sie 25 das Bild runtergeladen. Ich lasse nicht zu, dass sie ungeschoren davonkommen."
„Warte. Vergiss es, ja? Es ist nur ein Stück Papier. So wichtig ist das auch wieder nicht. Es ist egal. Vergiss es einfach." 30
„Es ist wichtig. Es ist nicht egal. Diese Schweinehunde haben kein Recht..."
„Hör zu, Ismael, es ist *meine* Urkunde, ja? Es ist nicht dein Problem. Gib sie mir... bitte."
Ich konnte den Schmerz in Bill Kingsleys Stimme 35 nicht ignorieren und reichte ihm seine Urkunde. Ohne einen Blick darauf zu werfen, knüllte er sie zusammen und stopfte sie in seine Mappe.
„Sie sollten nicht ungeschoren davonkommen, Bill."
„Mir egal. Es muss niemand davon erfahren." 40
„Ja ... gut..." Es gab nicht viel, was ich darauf erwidern konnte.

Michael Gerard Bauer: Nennt mich nicht Ismael! Aus dem Englischen übersetzt von Ute Mihr.
5. Aufl. München: Deutscher Taschenbuch Verlag GmbH & Co. KG 2011, S. 230f. © 2008 Carl Hanser Verlag, München

Didaktischer Kommentar

Die vorliegenden Kopiervorlagen zum Roman „Nennt mich nicht Ismael!" von Michael Gerard Bauer greifen typische Gegenstände und Inhalte der 7. und 8. Klasse auf wie Sachtexte und literarische Texte lesen und verstehen, Figuren charakterisieren, erzähltechnische Mittel verstehen, szenisch gestalten, argumentieren usw.

Die Auswahl der Unterrichtsmethoden orientiert sich an den Kriterien der Schülerorientierung und der Förderung von Selbstständigkeit und Kooperationsfähigkeit. Diese Ausrichtung wird angestrebt unter Berücksichtigung der Tatsache, dass neuere, oft empirisch unterlegte Untersuchungen eine methodisch einseitig ausgerichtete Unterrichtsgestaltung nicht nahe legen. Im Gegenteil: Methodenvielfalt ist angesagt, d.h. auch ein sinnvoller Wechsel zwischen Phasen direkter Instruktion und offeneren Unterrichts bzw. zwischen Phasen des Frontalunterrichts und der Einzel-, Partner- und Gruppenarbeit (vgl. dazu ausführlich Wahl 2006). Grundsätzlich zieht sich hier das Grundmuster moderner Formen kooperativen Lernens – der Dreischritt Einzelarbeit, Partner-/Gruppenarbeit, Plenum – wie ein roter Faden durch viele Arbeitsblätter. Der Schritt von der Einzelarbeit zu kooperativen Phasen ist nicht zuletzt hermeneutisch gedeckt, als ein Austausch subjektiver Textzugänge und so zumeist eine „Objektivierung" des Textverständnisses stattfindet. Für den Deutschunterricht insbesondere ist hier hervorzuheben, dass eine adäquate Mischung von eher kreativen, handlungs- und produktionsorientierten und analytischen Methoden anzustreben ist, weil ansonsten die Gefahr mangelnden Textbezugs oder mangelnden subjektiven Zugangs besteht.

Die Arbeitsblätter greifen verschiedene Zugänge zum Roman auf: Nach dem ersten bewusst reflektierten Zugang zu einem Roman und der ersten Sicherung des Inhalts werden verschiedene Aspekte – Figuren, Handlung, thematische Aspekte, Sprache und Stil, Rezeption und Produktion – erarbeitet. Die Zuteilung der Arbeitsblätter zu diesen Oberbegriffen soll eine Vorstrukturierung und Orientierung bieten, muss aber natürlich nicht „dogmatisch" eingehalten werden, wenn sich aus dem Unterrichtsgeschehen heraus andere Strukturierungen anbieten. Beispielsweise können einzelne Arbeitsblätter des Kapitels „Erzählweise, Sprache und Stil" auch an anderer Stelle integriert werden, nicht unbedingt erst gegen Ende der Reihe.

Einstieg

Die Kopiervorlage *Eine Gebrauchsanweisung gegen Mobbing – Leseerwartungen formulieren* (S. 5) legt den Schwerpunkt auf die Aktivierung des Vorwissens der Schüler/innen zum Thema Mobbing und regt, unterstützt vom Slogan des Klappentextes und den Illustrationen der Umschlaginnenseiten, dazu an, Leseerwartungen zu einem Roman dieses Themenkomplexes zu formulieren. Sie setzt keine Kenntnis des Romans voraus.

Die Kopiervorlage *Rund ums Buch – Cover und Klappentext auswerten* (S. 6) dient einem ersten Zugang zum Roman und kann sowohl vor als auch nach der Erstlektüre eingesetzt werden. Im ersten Fall steht der assoziative Zugang im Vordergrund, der Leseerwartungen konkretisieren hilft und thematische Aspekte vorbereitet. Ist der Roman schon bekannt, so ermöglicht das Verfahren, in einem ersten thematischen Zugriff Textkenntnis zu sichern und thematische Aspekte zu fixieren.

Die Kopiervorlage *Die ersten Seiten – Den Romananfang untersuchen* (S. 7) basiert auf genauer Lektüre des ersten Kapitels. Sie macht sich zentrale Funktionen eines Romananfangs wie die Vorstellung der Hauptfigur, das Wecken des Leseinteresses und die Provokation von Leseerwartungen zunutze und führt somit an das bewusste Verständnis dieser Funktionen heran.

Inhaltssicherung

Diese Arbeitsblätter können erst nach vorheriger Rezeption der Lektüre bearbeitet werden.

Bei dem Arbeitsblatt *Genau gelesen? – Zitate in den Zusammenhang einordnen* (S. 8) geht es nicht primär um eine vertiefte Analyse der fokussierten Motive, sondern um die Überprüfung der Textkenntnisse. Nichtsdestotrotz können die Motive mitunter im Unterrichtsgespräch vertiefend weiterdiskutiert werden. Wichtig ist aber die Einordnung in den Romankontext. Die Motive sind bewusst vom Schwierigkeitsgrad der Erschließung recht unterschiedlich gewählt, sodass jeder einige Motive auf den ersten Blick identifizieren kann, aber auch in Teilen zum Nachdenken herausgefordert ist.

Die Strukturlegetechnik auf der Kopiervorlage *Die Figuren des Romans – Beziehungen darstellen* (S. 9) ist eine der zentralen Methoden des kooperativen Lernens. Die Methode folgt dem Dreischritt „Think-Pair-Share", sodass der subjektive Zugang der Schüler/innen und die anschließend konstruktive Partner- bzw. Gruppenarbeit, bei der jeder seine Sicht des Themas einbringen kann, ermöglicht werden. Zugleich wird durch das Beziehungsnetz der Figuren eine Strukturierung des Romans vorgenommen, die das weitere Arbeiten mit dem Text maßgeblich erleichtert.

Figuren

Die Kopiervorlagen *Ismael – Die Entwicklung der Hauptfigur herausarbeiten* (S. 10) und *Scobie – Eine Figur über eine Schlüsselstelle charakterisieren* (S. 11) leiten zur engen Textarbeit und somit zu textnahem interpretatorischem Herangehen an. Durch die Vorgabe von Textstellen, das Suchen weiterer Aspekte des Textes und das Erläutern der Zusammenhänge wird an die Textanalyse so herangeführt, dass Schüler/innen aller Kompetenzstufen sich intensiv mit dem Text auseinandersetzen können, ohne sich über- oder unterfordert zu fühlen. Dabei variiert das methodische Vorgehen: Die erste Kopiervorlage bietet mit dem Gruppenpuzzle ein kooperatives Lernarrangement an, die zweite konzentriert sich auf die individuelle Auseinandersetzung mit dem Text. Zudem kann auf Grundlage dieser Arbeitsblätter die Charakterisierung vertiefend geübt werden. Je nach Kenntnisstand der Schüler können weitere Hinweise zur Textsorte gegeben werden.

Das Arbeitsblatt *Der Debattierclub – Motive der Teilnehmer untersuchen* (S. 12) greift das Debattieren multiperspektivisch auf: Zunächst wird die Funktion des Debattierens für die einzelnen Clubmitglieder reflektiert; anschließend werden die Ergebnisse in Rolleninterviews zusammengetragen. Dies lässt ein erstes Bild von der Bedeutung des Debattierens allgemein entstehen.

Das Arbeitsblatt *Ismael und Kelly – Die Entwicklung der Beziehung erschließen* (S. 13 f.) beschäftigt sich mit der Entwicklung der Liebesgeschichte. Hierbei werden natürlich auch andere Aspekte wie Perspektivwechsel und die Entwicklung der Hauptfigur Ismael erfasst.

Handlung

Die Handlung des Romans wird maßgeblich von Ismaels Entwicklung getragen. Wichtige Erfahrungen, die diese Entwicklung auslösen, werden bereits in anderen Kopiervorlagen angesprochen. Ähnliches gilt für die Handlungsebene um die Figur Scobie (z. B. Scobies Krankheit und Angst sowie sein Redetalent). Daher wird hier als zentrales Handlungsmoment Barrys vermeintliche Macht aufgenommen. Die Kopiervorlage *Machtspiele – Einen Konflikt erschließen* (S. 15 f.) untersucht Miss Tarangos Reaktion auf Barrys Provokation (Kap. 9). Diese Szene zeigt, dass auch Barrys Macht Grenzen hat. Zentrale Textstellen dieser Szene werden textnah analysiert sowie visualisiert. Darüber hinaus bietet die Kopiervorlage *„Ja, nennt mich Ismael!" – Den Romanschluss untersuchen* (S. 17) Gelegenheit, Ismaels Entwicklung rückblickend auszuwerten.

Thematische Aspekte

Da Themen wie Freundschaft, Liebe und Debattieren auf anderen Kopiervorlagen (in-)direkt verhandelt werden, geht es hier um die Aspekte Intertextualität, Mobbing und die Macht der Sprache.

Die Kopiervorlage *„Moby Dick" – Bezüge zu Hermann Melvilles Roman verstehen* (S. 18 f.) greift ein wichtiges Thema im Zusammenhang mit literarischen Werken an sich auf: Autoren schreiben nicht im voraussetzungsfreien Raum, sondern in einem literarischen Kontext. Bei Bauer dient als Kontext ein bedeutendes Werk der Weltliteratur, ohne das dieses Werk nicht in seiner ganzen Bandbreite zu verstehen wäre.

Das Arbeitsblatt *Mobbing – Informationen eines Sachtexts auf den Roman beziehen* (S. 20) zielt auf die Sachtextanalyse, die im Deutschunterricht erst in Folge der PISA-Studien stärker in den Fokus rückte und die auch bei Lernstandserhebungen und zentralen Prüfungen eine gewichtige Rolle spielt. Das methodische Vorgehen will ein eigenständiges Umgehen mit Sachtexten unterstützen und ein vernetzendes Lesen zwischen Sachtext und Roman provozieren. Dadurch werden zentrale Kompetenzen in der Textanalyse vertieft und ausgebaut.

Die Kopiervorlage *Schlagfertigkeit – Selbstbewusst kommunizieren* (S. 22 f.) geht der Frage nach, wie man sich verbal Mobbing widersetzen kann, und untersucht rhetorische Techniken der Schlagfertigkeit. Dabei wird anknüpfend an eine Schlüsselstelle des Romans (Kap. 14: Scobies Rededuell mit Barry) eine zweite Konfliktsituation zwischen Razza, Ismael und Barry untersucht (Kap. 43). Dieses vergleichende Vorgehen kann auch dazu anregen, Scobies Einfluss auf die Jungen genauer zu beleuchten.

Das Arbeitsblatt *Die Macht der Sprache – Scobies Redetalent erschließen* (S. 24) leitet zur Untersuchung von Scobies Gedicht an, das exemplarisch Scobies Redetalent und Stärke vermittelt. Die Sprachreflexion erschließt indirekt einen weiteren Baustein von Scobies Charakter, aber auch ein Leitthema des Romans – die Macht der Sprache, die der Roman selbst durch seine Erzähltechniken vorführt.

Die Bedeutung des Debattierens allgemein wird auf dem Arbeitsblatt *Debattierwettbewerbe – Die Regeln bewerten* (S. 25) vertiefend reflektiert. Dazu werden die Regeln der Debattierwettbewerbe sowie die Schritte des Debattierens, wie sie im Roman beschrieben werden, herausgestellt und bewertet bzw. anhand von Textbeispielen konkretisiert.

Erzählweise, Sprache und Stil

Im Zentrum der erzählerischen Konstruktion des Romans steht die witzige Schilderung von Situationen. Deshalb wird dieser Aspekt auch in zwei Kopiervorlagen thematisiert:

Die häufig verwendeten, teils neuartigen Metaphern werden in der Kopiervorlage *Barry als Hautreizung – Vergleiche und Metaphern erschließen* (S. 26) in den Fokus gerückt, weil diese einerseits die Gefühle des Ich-Erzählers treffend schildern, andererseits oft witzige Situationskomik hervorrufen. Einen sprachgestaltenden Ansatz wählt die Kopiervorlage *Mit Witz und Spott – Ismaels Erzählweise gestaltend untersuchen* (S. 27 f.): Im Vergleich von Textstellen aus dem Roman mit sachlich gehaltenen Umformulierungen kann die Wirkung von Ismaels Erzählweise beobachtet und anschließend selbst erprobt werden. Hier ist Ziel, die Leistungen einer komisch-ironischen Ausdrucksweise erfahrbar zu machen.

Rezeption und Produktion

Das szenische Spiel wird im AB *Ich werde da sein! – Eine Szene planen und schreiben* (S. 29): Hier soll ein Verständnis des Endes entwickelt werden, indem ein Szenario für ein erneutes Aufeinandertreffen Barrys und Ismaels entwickelt wird. Dies ist nur in mehreren Schulstunden umzusetzen, aus zeitökonomischen Gründen könnten aber beispielsweise Gruppen gebildet werden, die auch nachmittags zu Hause gemeinsam arbeiten könnten. Erfahrungsgemäß finden solche kreativen Aufgaben sehr großen Anklang bei den Schüler/innen.

Die Kopiervorlage *„Umwerfend komisch" – Eine Buchbesprechung untersuchen* (S. 30 f.) kann nach Abschluss der Lektürebehandlung eingesetzt werden. Die Schüler/innen sollen durch die Analyse einer professionellen Literaturrezension ihr Verständnis von Sachtexten weiter vertiefen und zugleich ein Vorbild für eine begründete, an Kriterien orientierte Beurteilung literarischer Texte erfassen. Durch dieses Vorbild angeregt, können sie eine eigene, an Kriterien orientierte Rezension verfassen.

Klassenarbeiten

Die Klassenarbeiten nehmen zwei Aufgabentypen auf, die auf den Arbeitsblättern intensiv thematisiert wurden, der erste Vorschlag das fragengeleitete Untersuchen eines Romanauszugs, der zweite Vorschlag die Charakterisierung einer Figur anhand einer Schlüsselstelle.

Lösungen

Eine Gebrauchsanweisung gegen Mobbing – Leseerwartungen formulieren ▶ S. 5

1 *Definition von Mobbing*
Mobbing bedeutet, dass eine Person eine andere ständig quält und verletzt. Dies kann mit Worten, aber auch durch boshafte Handlungen oder offene Gewalt geschehen. Ziel von Mobbing ist es, den anderen zu demütigen und auszugrenzen.

2 *Vergleich der Umschlaginnenseiten*
Auffällig ist, dass die Jungen am Ende als Gruppe zusammenstehen und die einzelne, dunkle Figur von der Gruppe weggerückt ist und im Hintergrund steht. Offensichtlich sind Freundschaften entstanden, die die Bedrohung durch diesen Mitschüler geringer erscheinen lassen.

3 *Mögliche Stichworte, was eine perfekte Gebrauchsanweisung gegen Mobbing kennzeichnen sollte:*
  ☐ Hinweise enthalten, wie man sich durchsetzt
  ☐ Mut machen
  ☐ unterhaltsam sein

Rund ums Buch – Cover und Klappentext auswerten ▶ S. 6

1 a) Die Illustration zeigt, wie ein Junge kopfüber in den offenen Rachen eines Wals stürzt. Dies lässt lediglich die Vermutung zu, dass ein Wal und ein Junge eine Rolle spielen.
b) Das Cover rückt den Bezug zu Herman Melvilles Roman „Moby Dick" in den Vordergrund. Es zeigt eine mögliche Art der Identifikation Ismaels mit der Romanhandlung. Über die Covergestaltung kann man geteilter Meinung sein: Einerseits werden die Bezüge zu Herman Melvilles Roman erst nach der Lektüre verständlich, andererseits wirft die Abbildung Fragen auf und weckt so die Neugier.

2 a) *Stellen, die die Figuren skizzieren:* Ismael – wird wegen seines Vornamens verspottet und reagiert darauf mit Rückzug und Selbstzweifeln; er hat Angst, vor Publikum zu sprechen. James Scobie – neuer

Mitschüler, offensichtlich sehr selbstbewusst und redegewandt, aber auch sehr hilfsbereit; er gründet einen Debattierclub. Bill – liebt Science-Fiction. Ignatius – weiß sehr viel. Orazio – ist begehrt bei den Mädchen. Kelly Faulkner – bezaubernd, charmant.

b) Barry wird nicht erwähnt. Seine Bedeutung für Ismael wird jedoch durch Andeutungen deutlich. Sowohl der Debattierclub als auch Debattierwettbewerbe werden erwähnt, die Handlung allerdings bleibt offen. Auf die Bedeutung der Sprache wird deutlich hingewiesen, es bleibt jedoch unklar, worin ihre Macht besteht. Ismaels Beziehung zu Kelly wird erwähnt, die Handlung bleibt jedoch offen. Nicht erwähnt ist die Geschichte von Ismaels Vornamen. Insgesamt weckt der Klappentext das Leseinteresse, da er alle wesentlichen Elemente der Handlung benennt, ohne die Handlung selbst vorwegzunehmen.

Die ersten Seiten – Den Romananfang untersuchen   ▶ S.7

1 *Name/Alter:* Ismael Leseur, vierzehn Jahre alt
Name der Eltern: Ron und Carol Leseur
Geschwister: Prudence (Prue) Leseur, dreizehn Jahre alt
Was er von seinen Eltern hält: macht ihnen keinen Vorwurf, dass sie ihn Ismael genannt haben, wünscht sich aber, sie hätten dabei nicht so gelacht
Lieblingsfach: Englisch
Lieblingslehrer: Miss Tarango
Besondere Kennzeichen: leidet am Ismael-Leseur-Syndrom
Dringendster Wunsch: Er möchte alles aufschreiben, damit „endlich alle die Wahrheit begreifen" (S.13).

3 *Mögliche Fragen:*
☐ Was für eine Krankheit ist das Ismael-Leseur-Syndom?
☐ Wie lässt sich das Ismael-Leseur-Syndrom kurieren?
☐ Wie kann es sein, dass ein Name eine Krankheit ist?
☐ Können Miss Tarango und seine Familie Ismael helfen?

Genau gelesen? – Zitate in den Zusammenhang einordnen   ▶ S.8

1

Ich stand da wie ein Vollidiot. Und fühlte mich beschissen. Am Abend betrachtete ich mich im Badezimmerspiegel. Ich sah irgendwie anders aus. [...] Ich sah aus wie ein Junge mit einem scheißblöden Namen.	Ismael hat Selbstzweifel wegen Barrys Beschimpfungen. (vgl. 28f.)
Aber da irrte ich mich. Dieses Jahr würde anders werden. Es würde das härteste, verrückteste, peinlichste, schrecklichste und das beste Jahr meines Lebens werden.	Ismael zieht nach dem ersten Jahr im College Bilanz. (vgl. S.31)
Ich warf einen raschen Blick über die Schulter zu Barry Bagsley. Seine Augen fielen beinahe aus ihren Höhlen. Fast erwartete ich, dass ihm Speichel aus dem Mundwinkel rann.	Scobie wird in der Klasse vorgestellt, Barry freut sich auf ein neues Opfer. (vgl. S.72)
„[...] Du hast vielleicht Probleme mit der gesprochenen Sprache, aber was das Schreiben angeht, würde ich mal annehmen, bist du wahrscheinlich der *zweit*beste Schüler." [...] „*Außerdem* bist du gescheit und du weißt, im Gegensatz zu einigen unserer Klassenkameraden, nicht nur, dass es in dieser Schule eine Bibliothek gibt, sondern, was noch viel erstaunlicher ist, wozu sie da ist und wie man sie benutzt. [...]"	Scobie überredet Ismael zur Teilnahme am Debattierclub. (vgl. S.139)

Ich drehte mich um. Es war Razza. Er hüpfte herum und gestikulierte mit den Fingern in meine Richtung, als ob er zu den Wiggles gehören würde. Sein Mund formte immer wieder die Worte: Du bist der Hammer.	Razza kommt zum Gespräch zwischen Kelly und Ismael hinzu. (vgl. S. 248)

Die Figuren des Romans – Beziehungen darstellen ▶ S. 9

5 *Mögliche Lösung*

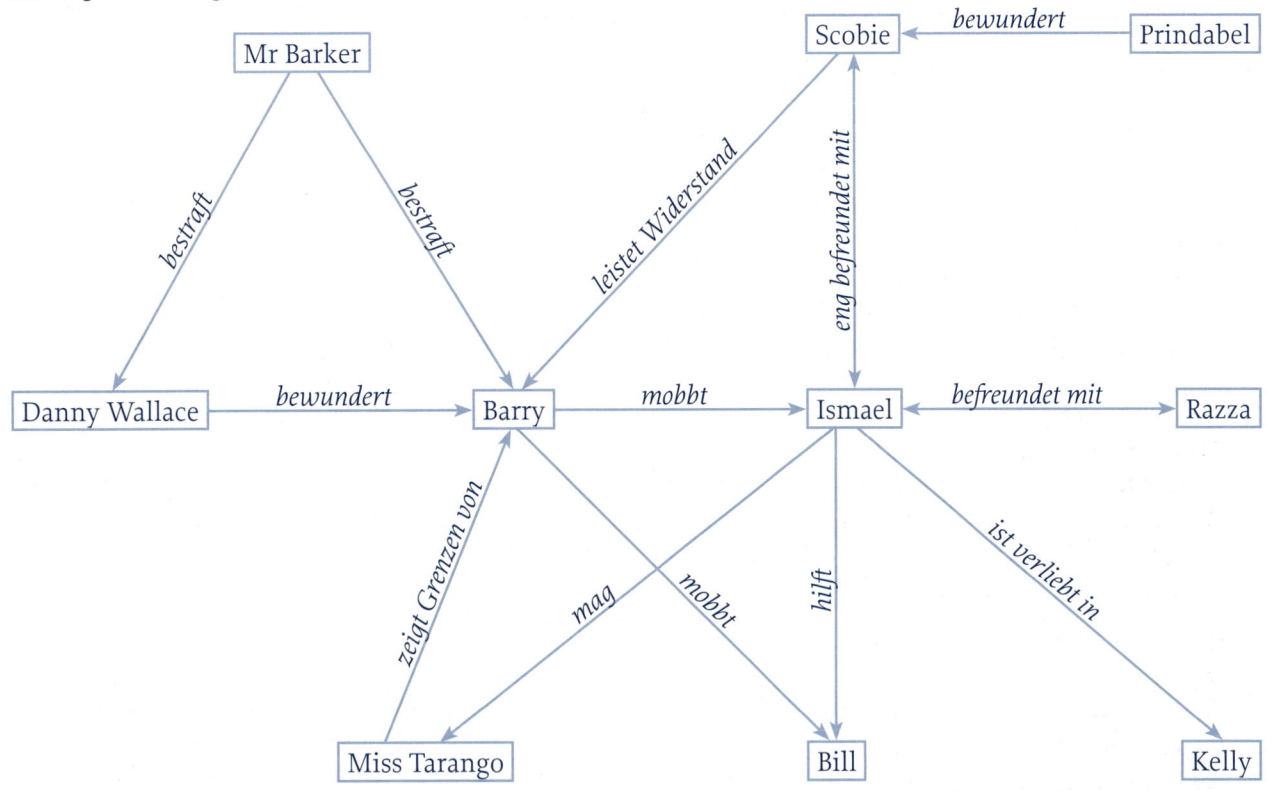

Beziehungsdiagramm:
- Mr Barker → bestraft → Danny Wallace
- Mr Barker → bestraft → Barry
- Danny Wallace → bewundert → Barry
- Barry → mobbt → Ismael
- Barry → leistet Widerstand ← Ismael (Ismael leistet Widerstand gegen Barry, Richtung zu Scobie)
- Scobie ← bewundert ← Prindabel
- Scobie ↔ eng befreundet mit ↔ Ismael
- Ismael → befreundet mit → Razza
- Miss Tarango → zeigt Grenzen von → Barry
- Barry → mag → Miss Tarango
- Barry → mobbt → Bill
- Ismael → hilft → Bill
- Ismael → ist verliebt in → Kelly

Ismael – Die Entwicklung der Hauptfigur herausarbeiten ▶ S. 10

1 b) *Mögliche Aspekte für die einzelnen Teilkapitel:*

Kap. 5/6
Inhalt: Barry mobbt Ismael, indem er den Namen verunglimpft
Ismaels Verhalten: passiv, zurückhaltend, selbstmissachtend

Kap. 11
Inhalt: Barry und seine Freunde ärgern Marty; Ismael will helfen, erleidet aber erneut eine Niederlage
Ismaels Verhalten: aktiv, hilfsbereit, aber weiterer Verlust des Selbstbewusstseins

Kap. 38
Inhalt: Barry mobbt Bill, indem er dessen Debattierwettbewerbsurkunde mit unflätigen Bemerkungen verunstaltet
Ismaels Verhalten: aktiv, selbstbewusst, hilfsbereit

Kap. 47
Inhalt: Barry und Ismael treffen aufeinander, nachdem Barry wegen Ismaels Fürbitte Angst um seinen Ruf hatte
Ismaels Verhalten: aktiv, selbstbewusst, widerstandsfähig

c) Mögliche Stichworte zu wichtigen Ereignissen:
- weitere Schikanen von Barry und seinen Freunden
- Scobies Sieg über Barry
- Ismaels Teilnahme am Debattierclub
- erstes Gespräch mit Kelly
- Auseinandersetzung mit Moby Dick

d) Mögliche Lösung:
Bewertung: 10 Punkte.
Begründung: Du warst anfangs Barry klar unterlegen und hast oft klein beigegeben, auch wenn du versucht hast, dich zu wehren. Durch deine Freunde aus dem Debattierclub hast du aber nach und nach an Selbstvertrauen gewonnen. Schlussendlich trittst du Barry aktiv gegenüber und lässt dich nicht mehr so schnell einschüchtern.

Scobie – Eine Figur über eine Schlüsselstelle charakterisieren ▶ S. 11

1 *Mögliche Stichworte zu Gedanken/Fragen:* Todesangst, Hirnoperation ist wie Operation am eigenen Ich, Mut wegen Überlebensangst; Wie funktioniert Operation? Was verändert Tumor an der Persönlichkeit?

2

Scobies mutige Handlung	Scobies Art zu handeln
Kap. 14: Am ersten Schultag will Barry Scobie provozieren. Sie liefern sich ein langes Wortgefecht.	Scobie lässt sich nicht provozieren und leistet Barry mit Worten Widerstand.
Kap. 16–17: verschiedene Tiere in Scobies Pult; Tarantel auf Scobies Gesicht	Ruhe, entspannte, gelassene Reaktion, keine Panik oder Aggressionen gegenüber Übeltätern
Kap. 18: Scobies Auftritt bei Schulversammlung	selbstbewusster Auftritt trotz offensichtlicher Antipathien im Publikum
Kap. 37: Scobies Brief	genaue Analyse seiner Situation und Gefühle

3 *Die Schülerinnen und Schüler müssen hier ihre Ergebnisse aus Aufgabe 2 in einen Fließtext übersetzen. Deshalb kann man Aufgabe 2 und 3 im Plenum gut gemeinsam auswerten.*

Der Debattierclub – Motive der Teilnehmer untersuchen ▶ S. 12

1 b)

Name des Teilnehmers:	
Eigenschaften:	hochintelligent, interessiert sich ausschließlich für Fakten aus dem Bereich der Mathematik, der Naturwissenschaften und der Geschichte, kontaktarm
Gründe für die Teilnahme:	möchte seine sozialen Fähigkeiten verbessern Seine Mutter hat ihm dazu geraten.
Lernerfolge:	hilft den anderen mit seinem Wissen

2 *Interview mit Prindabel (Beispiel):*
Frage: Was hat dich zur Teilnahme am Debattierclub bewogen?

Ich habe erkannt, dass ich wenige Kontakte habe. Im Debattierclub sah ich die Gelegenheit, bei einer interessanten Tätigkeit andere kennenzulernen.
Frage: Wie würdest du dich selbst beschreiben? Wie kannst du dem Team helfen?
Meine Interessen liegen eher in den Bereichen Mathematik, Naturwissenschaften und Geschichte. Deshalb bin ich eher rational und analytisch veranlagt. Ich könnte dem Team mit meinem Wissen und meiner logischen Denkweise helfen.
Frage: Welche Teammitglieder beeindrucken dich besonders?
Scobie. Er ist einerseits sehr intelligent, hat aber andererseits den Mut, sich gegen Stärkere wie Barry durchzusetzen und hat Kontakte zu anderen.
Frage: Wie hat sich das Team deiner Meinung nach entwickelt?
Das Team hat sich sehr gut entwickelt. Nach Scobies Ausscheiden wollte ich nicht weitermachen, aber die Jungen haben mich überzeugt und wir haben gemeinsam viel erreicht jeder mit seinen Stärken.

Ismael und Kelly – Die Entwicklung der Beziehung erschließen ▶ S. 13 f.

1 a) *Kellys Aussehen:* Kelly hat blassblaue, eisfarbene Augen, Sommersprossen und trägt die Haare zu zwei „Rattenschwänzen" zusammengebunden. Sie hat ein ausgeleiertes rotes T-Shirt an.
b) *Ismaels Gefühle:* Ismael starrt Kelly während des Workshops so entgeistert und abwesend an, dass er nichts mehr von dem Geschehen um sich herum mitbekommt.
c) *Stellungnahme:* Als Außenstehender kann man das kaum beurteilen. Kelly wird als normales Mädchen beschrieben, es geht eher um ihre charakteristischen individuellen Züge. Ismaels Verliebtheit wird also auf die Ausstrahlung des Mädchens zurückgeführt, nicht auf allgemeine Schönheitsideale.

2 a) *Mögliche Lösung:*

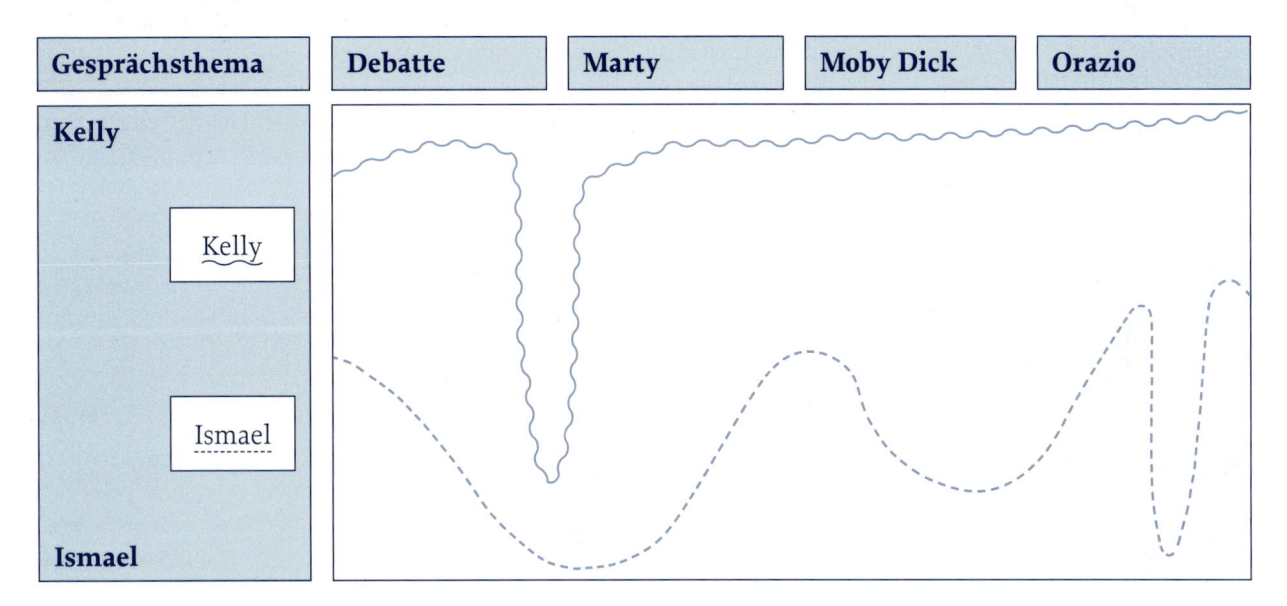

2 b) *Entwicklung der Gefühle/des Verhaltens während des Gesprächs:*
Phase 1 – Debatte: Ismael ist sehr unsicher, als Kelly ihn anspricht, da er sich sofort an die Ereignisse während des Debattierwettbewerbs erinnert. Diese Unsicherheit steigert sich, als er sich bei Kelly entschuldigen möchte. Kelly wirkt sehr souverän. Jedoch ist auch ihr peinlich, über die Situation beim Debattierwettbewerb zu sprechen.
Phase 2 – Marty: Ismael ist weiterhin unsicher und stellt sich selbst schlecht dar. Kelly dagegen lobt sein Verhalten gegenüber ihrem Bruder Marty und bedankt sich.
Phase 3 – Moby Dick: Ismael zeigt Selbsthass und Desinteresse an dem Ursprung seines Namens. Kelly findet den Namen individuell und ermuntert ihn, sich mit dem Namen auseinanderzusetzen.
Phase 4 – Orazio: Ismael glaubt nichts mehr zu verlieren zu haben, wird dadurch sicherer und macht Witze über Orazio. Kelly geht ironisch darauf ein.

3 a) Ismael fühlt sich leer und glaubt weiterhin nicht an seine Chance bei Kelly. (vgl. S. 252)

b) *Mögliche Inhalte eines Telefonats:* Kelly findet anscheinend Ismael nett und durchaus unterhaltsam, mehr aber nicht. Sie wirkt belustigt über Ismaels Freunde und hält diese vermutlich für schräg.

Machtspiele – Einen Konflikt erschließen ▶ S. 15 f.

1 a) *Miss Tarangos Verhalten (blau):* Miss Tarango fixierte Barry Bagsley mit ihren hellen blauen Augen./Miss Tarango schwieg und lächelte wie das Covergirl einer Hochglanzillustrierten./Sie lächelte süß./„Ich brauche einen Freiwilligen", sagte sie und musterte die Klasse erwartungsvoll, bevor sie ihren Blick auf [...] Barry Bagsley senkte.
Barrys Verhalten (rot): Barry Bagsley rutschte ein bisschen auf seinem Stuhl hin und her. / [der] in seinem Stuhl flätzende [...] Barry Bagsley

b) Miss Tarango setzt ihre Mimik (Augen, Lächeln) und Sprechpausen (Schweigen) gezielt ein. Sie wirkt dabei sicherlich freundlich, sogar anziehend, aber bestimmt und fordernd. Miss Tarango möchte Barry in seine Schranken weisen. Sie übt nicht nur über ihre Lehrerrolle Macht über Barry aus, sondern auch durch ihre bewusst eingesetzte Mimik und ihre gezielten Sprechpausen.

2 *Mögliche Unterstreichungen und Erläuterungen:*
in irgendeiner Weise mit dir in Kontakt treten: ohne Körpersprache wird man noch stärker verunsichert, weil man dann weder sprachliche noch körperliche Kommunikationssignale erhält
die ganze Zeit nach vorne schauen: Barry weiß dadurch nicht, was hinter ihm passiert, sodass er verunsichert wird
bevor ich den Stuhl dreimal umrundet habe: die Bedingungen des Spiels erscheinen hier klar, sind aber völlig vage, z. B. sagt die Lehrerin nichts über den Zeitrahmen

3 a) und b) Miss Tarango übt verschiedene, allerdings belanglose Tätigkeiten aus, während sie hinter Barrys Rücken steht. So betrachtet sie nicht nur ihre Hände, sondern schreibt auch etwas an die Tafel. Dadurch wird der Blick der Klasse gelenkt, nur Barry weiß nicht, was hinter seinem Rücken passiert. Barry kennt nur die Reaktionen der Klasse und kann sich nicht sicher sein, selbst Gegenstand des Geschriebenen zu sein. Barry sitzt anfangs fast unbeweglich da, wird aber zunehmend unruhig. Er erstarrt geradezu auf dem Stuhl.

4 Miss Tarango steigert sicherlich ihr Ansehen in der Klasse, weil sie dem vermeintlichen Wortführer der Klasse seine Grenzen aufgezeigt hat. Umgekehrt büßt Barry einen Teil seiner Macht ein, weil die Lehrerin demonstriert hat, wie schnell man auch Barry verunsichern und besiegen kann.

„Ja, nennt mich Ismael!" – Den Romanschluss untersuchen ▶ S. 17

1 Ismael steht selbstbewusst zu seinem Namen. Drei zentrale Erlebnisse haben ihm dazu verholfen:
1. Ismael kann durch den Debattierclub frei vor Publikum reden (Kapitel 45).
2. Ismael ist inzwischen selbstbewusst genug, Barry Widerstand zu leisten (Kapitel 47).
3. Ismael deutet Kellys Einladung zu einer Party als Annäherung von Kelly (Kapitel 49-50).

„Moby Dick" – Bezüge zu Hermann Melvilles Roman verstehen ▶ S. 18 f.

1 *Hauptthema:* Rache oder Größenwahn
Begründung: Ahab zielt auf Wiedergutmachung für sein Leid und überschätzt seine Kräfte bzw. Fähigkeiten.

2 *Mögliche Parallelen:*

Hermann Melville: Moby Dick"	Michael G. Bauer: „Nennt mich nicht Ismael!"
Walfang – wird im Roman ausführlich beschrieben	*Debattierregeln* – werden genau erklärt
Der weiße Wal – Kapitän Ahab möchte sich am weißen Wal rächen.	*Barry* – Ismael möchte sich an Barry rächen.
Queequeg – Sein Äußeres ist auffällig durch seine Tätowierungen. Ismael freundet sich eng mit ihm an.	*Scobie* – Sein Äußeres ist auffällig durch die Zuckungen im Gesicht und seine biedere Kleidung. Ismael freundet sich eng mit ihm an.

3 a)

Ismael:
- von Barry seelisch schwer verletzt
- sinnt auf Rache für die ständigen Demütigungen

→ **Ismael aus „Moby Dick":**
- Erzähler
- Abenteurer
- überlebt als einziger den Untergang der Peequod

→ **Kapitän Ahab:**
- körperlich und seelisch schwer verletzt
- von Kampf mit Wal gezeichnet, sinnt auf Rache für Niederlage

Mobbing – Informationen eines Sachtexts auf den Roman beziehen ▶ S. 20 f.

1 *Mögliche Unterteilung:*
- Definition von Mobbing: Z. 1 – 13
- Persönlichkeitszüge von Opfern und Tätern: Z. 34 – Z. 55
- Auswirkungen von Mobbing: Z. 14 – 33
- Maßnahmen gegen Mobbing: Z. 56 – 60

2 *Formen des Mobbing:* Ismael wird von Barry überwiegend verbal gemobbt: z.B. „Piss-mael" (S. 29). Andere Mobbing-Varianten: Verstecken von Ismaels Sachen, Beschmieren seines Hausaufgabenbuchs, körperliche Rempeleien (S. 54). – Ismael beschreibt vor allem „direktes Mobbing" (s. Z. 9 f.).
Reaktionen auf Mobbing: Ismaels Reaktionen entsprechen in Teilen den von Renges erwähnten „psychischen Schädigungen" (Z. 25), vor allem zieht sich Ismael zurück und verliert sein Selbstbewusstsein. Beispiele sind seine Selbstreflexionen vor dem Spiegel (S. 29) oder seinen Rückzug (S. 31) oder Ertragen der Beschimpfungen (S. 31).
Persönlichkeitszüge: Zu Ismaels Persönlichkeitszügen kann man nur schwer etwas sagen, weil man sein vorheriges Verhalten an seiner alten Schule nicht kennt. Aufgrund seiner Entwicklung an seiner neuen Schule kann man vermuten, dass sein geringes Selbstwertgefühl und seine Überangepasstheit vor allem Reaktionen auf Barrys Mobbing, aber keine grundsätzlichen Persönlichkeitszüge sind.

Didaktischer Kommentar und Lösungen

Schlagfertigkeit – Selbstbewusst kommunizieren ▶ S. 22 f.

2 B: „Mann, wenn ich *wollte*, könnte ich dich *in der Mitte durchbrechen* wie eine *Brezel*. Wenn du also, wie du *sagst*, tatsächlich *keine Angst* hast, würde ich dir dringend empfehlen, langsam Angst zu *bekommen*."

S: „Pass auf", [...]. „Ich bin sicher, dass du sehr stark und tapfer bist, immerhin musst du dich jeden Tag im Spiegel anschauen ..." „... und vielleicht *sollte* ich ja Angst vor dir haben, denn wenn es stimmt, wie man sagt, dass der Halbgebildete schlimmer ist als der Unwissende, dann bist du wahrscheinlich absolut tödlich..." „... aber es tut mir leid." „Ich habe keine Angst. Das hat nichts mit dir zu tun. Sondern damit."

Unerwartet zustimmen
Sich indirekt ausdrücken
Unerwartet zustimmen
Sich indirekt ausdrücken

Glasklar richtigstellen

Mit diesen Worten schob er die Haare über seiner linken Schläfe weg. Über seinem Ohr wurde eine lange, ovale Narbe sichtbar. Scobie drehte sich, damit alle sie sehen konnten.

3 *Weiterer Verlauf:* Barry und Scobie wenden beide gleichermaßen die Technik des Sich-indirekt-Ausdrückens an. Das heißt, sie suchen beide nach Möglichkeiten, „den anderen im schlechten Licht erscheinen zu lassen", anders gesagt: Sie beleidigen sich gegenseitig. Dies schaukelt sich auf.
Schluss des Streitgesprächs: Als Mr Barker den Raum betritt, scheint Barry seine Beleidigungen nicht mehr fortsetzen zu können. Scobie bleibt auch im Beisein des Lehrers schlagfertig. Seine Äußerungen bringen die Klasse zum Lachen. Er ist Sieger des Streitgesprächs; Barry lässt ihn in Zukunft in Ruhe.

4 a) Der Unterstellung, er mache noch ins Bett, „stimmt" er „unerwartet zu". Die zweite Reaktion Razzas kann zwei Strategien zugeordnet werden: Indem er andeutet, dass man den eigenen Geisteszustand selbst nicht beurteilen kann, stellt er „indirekt" Barrys Geisteszustand infrage. Man könnte Razzas Reaktion aber auch als ein „Richtigstellen" deuten, aber kein „glasklares".
b) Beleidigungen, Schimpfwörter; gespieltes Mitleid
c) Barry merkt, dass er Razza nicht beeindrucken kann. Also sucht er sich ein neues, leichteres Opfer. So fällt nicht sofort auf, dass er Macht einbüßt.

Die Macht der Sprache – Scobies Redetalent erschließen ▶ S. 24

1 *Mögliche Adjektive:* kämpferisch, hart, selbstbewusst

2 a) *Strophentitel:* Mut zum Kampf, Sieg als Ziel, Standfestigkeit, Gemeinsames Handeln als Stärke, Kämpfen wie ein Löwe
b) *Wiederholungen:* Kampf, wir, Sieg → gemeinsames Eintreten für den Sieg
Vergleiche: unbeugsam wie Fels, kämpfen wie Löwen → Betonung der eigenen Stärke und Kraft

3 Das Gedicht entfaltet diese Wirkung inhaltlich durch die Betonung der Gemeinschaft und des Kampfes, sprachlich durch die eingängige Form und wahrscheinlich durch einen bestimmten Vortragsstil.

Debattierwettbewerbe – Die Regeln bewerten ▶ S. 25

1 Argumentieren kann man in vielen Lebensbereichen einsetzen, Jugendliche zum Beispiel in der Diskussion mit ihren Eltern über Aufgaben im Haushalt oder über die gemeinsame Freizeitgestaltung oder aber im Gespräch mit Freunden über gemeinsame Aktivitäten.

Didaktischer Kommentar und Lösungen

2

Pro: Vorteile dieser Debattenregeln	Kontra: Nachteile dieser Debattenregeln
☐ Alle Teams haben die gleiche Chance, keiner kann sein Lieblingsthema wählen, höchstens zufällig. ☐ Man lernt, neue Perspektiven zu übernehmen. ☐ Man lernt leichter, die Argumentation der Gegenseite vorwegzunehmen. ☐ Man lernt, flexibel zu argumentieren. ☐ Diese Vorteile sind insbesondere dann wichtig, wenn man eigene Standpunkte (außerhalb von Debattierwettbewerben) vertritt.	☐ Man findet schwerer Zugang zu einem Thema, wenn es einen nicht interessiert. ☐ Man muss im Zweifelsfall gegen die eigene Meinung argumentieren.

3

Die vier Schritte der erfolgreichen Widerlegung von Argumenten	Die Bedeutung von Science-Fiction- und Fantasy-Filmen für die Probleme der heutigen Welt
1. Sag, was die Gegenseite behauptet hat.	Schritt 1: Science-Fiction- und Fantasy-Filme haben keine Bedeutung, sie sind lediglich Fluchtmöglichkeiten aus dem Alltag. (S. 205f.)
2. Sag, warum sie Unrecht hat.	Schritt 2: Science-Fiction- und Fantasy-Filme setzen sich mit Problemen der Gegenwart auseinander, man bekommt die Folgen unseres heutigen Handelns vor Augen geführt. (S. 206)
3. Sag, was dein Team meint.	Schritt 3: Science-Fiction- und Fantasy-Filme haben eine Bedeutung für die Gegenwart. (S. 206)
4. Sag, warum ihr recht habt.	Schritt 4: Für diese These lassen sich viele Beispiele nennen, in „Terminator" etwa geht es um die Gefahren der Technologie- und Computergläubigkeit. (S. 207)

4 An sich sind die Schritte wichtig, weil man zunächst die Argumente des Gegners entlarvt und vorführt, um dann mit den stärksten Argumenten für seine Position zu enden.
Ob man diese Schritte stets so differenziert anwendet, sei dahin gestellt.

Barry als Hautreizung – Vergleiche und Metaphern erschließen ▶ S. 26

2

Vergleich/Metapher	Was wird beschrieben?	Womit wird das Beschriebene verglichen?	Was wird damit verdeutlicht?
Die ganze Klasse war eine einzige gerunzelte Stirn. (S. 81)	Klasse	gerunzelte Stirn	Die ganze Gruppe denkt angestrengt nach.
Barry sah James Scobie an wie ein Junge, der gerade das Weihnachtsgeschenk ausgepackt hat, von dem seine Eltern sagen, dass es eigentlich zu teuer sei. (S. 69)	Barrys Blick auf Scobie	Blick eines Jungen auf sein Weihnachtsgeschenk	starker Wunsch nach etwas, das einem nicht recht zusteht

| Seine Nase zuckte wie bei einem Kaninchen. (S. 71) | Scobies Nase | Nase eines Kaninchens | Scobie wirkt vorsichtig und ist in Gefahr. |

Mit Witz und Spott – Ismaels Erzählhaltung gestaltend untersuchen ▶ S. 27 f.

1 a) *Mögliche Lösungen:*
Die Originale sind locker, lustig, spöttisch, unterhaltsam..
Die „Fälschungen" sind sachlich, ernsthaft, weniger witzig.

2 *Mögliche Lösungen:*
Zitat 1: Man kann mit Ismael lachen, obwohl er sich selbst kritisiert bzw. negativ sieht. Denn Ismael macht sich über sich selbst lustig, indem er sich spöttisch, ironisch ausdrückt. Als Leser fühlt man sich gut unterhalten.
Zitat 2: Man kann mit Ismael lachen, obwohl er sich selbst kritisiert bzw. negativ sieht. Denn Ismael macht sich über sich selbst lustig, indem er seine negative Selbsteinschätzung übertreibt. Durch die überraschenden, mitunter drastischen Bilder denkt man zugleich über das Geschilderte genauer nach.

3 *Mögliche Lösung:*
Ich habe von Ismael den Eindruck, dass sich selbst und das, was ihm widerfährt, nicht so ernst nimmt und nicht so nah an sich herankommen lässt, denn er schildert seine Erlebnisse lässig und distanziert. Außerdem habe ich den Eindruck, dass Ismael selbst sehr gut reflektieren und auch selbstkritisch wahrnehmen kann.

„Umwerfend komisch" – Eine Buchbesprechung untersuchen ▶ S. 30 f.

Susanne Gaschke: Moby Dicks Fluch (2008)

Ein hochkomischer Jugendroman über einen Schüler, den seine fiesen Mitschüler drangsalieren

I: Inhalt

F: Funktion

Eltern können einem das Leben schwer machen, ohne es zu wollen. Ismaels Eltern beispielsweise sind eigentlich ausgesprochen nette Leute: der Vater Versicherungsvertreter mit Rockbandvergangenheit, die Mutter Stadträtin, entspanntes Erziehungsverhalten, viel Interesse an ihren beiden Kindern. Leider teilen Ron und Carol Leseur auch eine Begeisterung für Literatur und haben ihren Sohn deshalb Ismael genannt, nach der Haupt und Erzählerfigur aus Herman Melvilles berühmtem Roman Moby Dick.

I: Ismaels Eltern – Wie Ismael zu seinem Namen gekommen ist

F: Romantitel erklären

Ismael ist davon überzeugt, dass sein eigenartiger Name schuld ist an allen Widrigkeiten, die ihm begegnen: „Das Ismael-Leseur-Syndrom macht aus einer völlig normalen Person eine wandelnde Katastrophe, die auf der nach oben offenen Idioten-Skala mindestens den Wert neun Komma neun erreicht." Am meisten leidet Ismael unter den Quälereien seines Klassenkameraden Barry Bagsley, der keine größere Freude kennt, als Ismaels Namen zu verballhornen: „Ismael? Was ist das denn für ein scheißblöder Name?" Und schon wird aus Ismael „Pissmael", aus „Pissmael" „Küssmal", daraus wieder „Fischmehl". Auch für den Nachnamen findet Bagsley interessante Abwandlungen: „Schisseur", „Le Sau" oder, phonetisch etwas weniger überzeugend, „Stinkstiefel".

I: Ismaels Mobbingproblem

F: Zentralen Konflikt erläutern

Michael Gerard Bauer [...] hat viele Jahre als Englisch- und Wirtschaftslehrer gearbeitet und offenbar sehr genau beobachtet, was Schüler einander auch an angesehenen Schulen und in angenehmen sozialen Verhältnissen antun können. Er lässt Ismael aus der Ich-Perspektive berichten: darüber, wie er versucht, seinen Peini-

I: Barrys Gestaltung der Hauptfigur

F: Ismaels Charakter und Erzähltechnik vorstellen

gern – natürlich hat Bagsley eine grölende Anhängerschaft – zu entgehen, wie er sich klein macht und anpasst, immer wieder ausweicht und den Mund hält. Dabei ist Ismael ein sympathischer 14-Jähriger, kein weinerliches Weichei, sondern ein witziger, selbstironischer Junge, der im Notfall (etwa als Bagsleys Gang auf dem Schulweg einen Grundschüler malträtiert) durchaus beherzt eingreift – wohl wissend, wie die kommenden Schulwochen daraufhin für ihn aussehen werden.

Warum beschwert sich Ismael nicht bei Eltern oder Lehrern? Es ist der alte, offenbar nicht auszurottende Ehrenkodex der Straße und des Schulhofs, der ihn hindert: Petzen gilt als Todsünde, Erwachsenenintervention als das Letzte, was hilft. Also braucht man Glück.

I: mangelnde Gegenwehr Ismaels

F: Bezug zur Schulrealität

Neu in die neunte Klasse des St. Daniel's Boys College kommt James Scobie, ein schmächtiger Junge mit allzu akkuratem Scheitel, der zunächst ein noch besseres Ziel für Barry Bagsleys „strebersuchende Raketen" abzugeben scheint als Ismael. Doch tatsächlich ist der kleine Scobie mit seinen merkwürdigen Gesichtszuckungen ein Superheld: ein sprachbegabtes, sarkastisches Wunderkind, das den Terrormitschüler Bagsley rhetorisch in seine Bestandteile zerlegt. Scobies Freundschaft und die Mitarbeit in einer von Scobie gegründeten Debattiermannschaft helfen Ismael dabei, seine Angst vor Bagsley zu überwinden: Und mit der Angst schwindet augenblicklich dessen Macht.

I: Scobies Einfluss auf Ismael

F: zentrale Nebenfigur und Handlungsentwicklung erklären

Mit umwerfender Komik schildert Bauer die Auseinandersetzungen in der Klasse und die verschiedenen Runden der Debattiermeisterschaft, an der die Anti-Bagsley-Mannschaft schließlich teilnimmt. Kaum vorstellbar, in einem deutschen Jugendbuch einen so herrlichen Sieg von Sprache über Gewalt zu finden.

I: Erzähltechnik

F: Beurteilung des Romans

DIE ZEIT vom 20.11.2008

3 *Die Rezension ist idealtypisch verfasst: Inhalt und Autor werden sprachlich zugänglich vorgestellt und anschließend beurteilt.*

Klassenarbeit 1: Einen literarischen Text untersuchen ▶ S. 32 f.

1 *Mögliche Überschriften:*
- ☐ Miss Tarango stellt Scobie der Klasse vor
- ☐ Scobies Aussehen und Kleidung
- ☐ Scobies scheinbar unkontrollierte Gesichtszüge
- ☐ Reaktionen der Klasse auf Scobies Gesichtszüge

2 *Seine Kleider sahen aus, als würde sein Großvater ihn in Sachen Mode beraten:* Scobie wirkt altmodisch und steif gekleidet, wenn er die Kleidung seines Großvaters bzw. einer anderen Generation trägt.
Die Linien, die die Zähne des Kamms hinterlassen hatten, zeichneten sich so deutlich ab wie Fußabdrücke auf dem Mond: Die Haare sind so präzise gekämmt, dass man die Kammlinien deutlich sieht und die Frisur sehr brav wirkt.
Nicht so viel anders, dass er Mitleid erwarten konnte, aber anders genug, um Barry Bagsleys Augen zum Leuchten zu bringen: Barry sieht in Scobie ein neues Opfer.
Beim zweiten Mal plätscherte gedämpftes Gelächter durch den Raum: Die Klasse macht sich über Scobie lustig, der einzelne Mitschüler kann sich aber hinter der Gruppe verstecken.
Da empfand ich Mitleid für James Scobie. Ich wusste, was ihm bevorstand. Alles an ihm war eine Aufforderung zuzuschlagen, ein lebendiges, atmendes „Schlag mich!"-Schild: Hier deutet sich schon die Nähe Ismaels zu Scobie an, aber auch, dass Barry Scobie ins Visier seiner Mobbingattacken nehmen wird.

Didaktischer Kommentar und Lösungen

3 *Mögliche Hypothesen zur weiteren Entwicklung:*
- Barry lässt von Ismael ab und konzentriert seine Mobbingattacken auf Scobie
- Ismael und Scobie freunden sich an und gehen gemeinsam gegen Barry vor
- Scobie gewinnt unerwartet gegen Barry, Barry verliert seine Macht in der Klasse

Klassenarbeit 2: Einen literarischen Text untersuchen und Stellung nehmen ▶ S. 34

1 Als Bill seine Urkunde beschmiert in seinem Pult findet, ist er den Tränen nahe. Auch wenn er es zu verbergen sucht, entlarven ihn seine Augen und seine Stimme. Als Ismael die Initiative für Bill ergreifen und den stellvertretenden Schulleiter Mr Barker informieren will, wehrt Bill ab. Offenbar will er kein Aufsehen erregen und dadurch noch stärker gedemütigt werden. Er tut so, als ob ihm die Urkunde nichts wert ist („nur ein Stück Papier") und weist Ismaels Hilfsangebote brüsk ab („nicht dein Problem").

2 Bill zeigt dasselbe Verhalten wie Ismael früher gegenüber Barrys Attacken. Bill zieht sich zurück, um keine weitere Zielscheibe zu liefern. Genau dieses Verhalten weist aber Barry nicht in seine Schranken und beendet nicht die Mobbingattacken, wie die Erfahrungen Ismaels zeigen. Erst als Ismael sich selbstbewusst Barry gegenüber verhält, scheint dieser zurückzuweichen. Deshalb ist der von Ismael vorgeschlagene Weg, andere Vertrauenspersonen zu Rate zu ziehen und sich gegen Barry zu wehren, genau der richtige.